GUÍA DE DIBUJO DE RETRATOS

Técnicas para principiantes y tutoriales para dibujar rostros

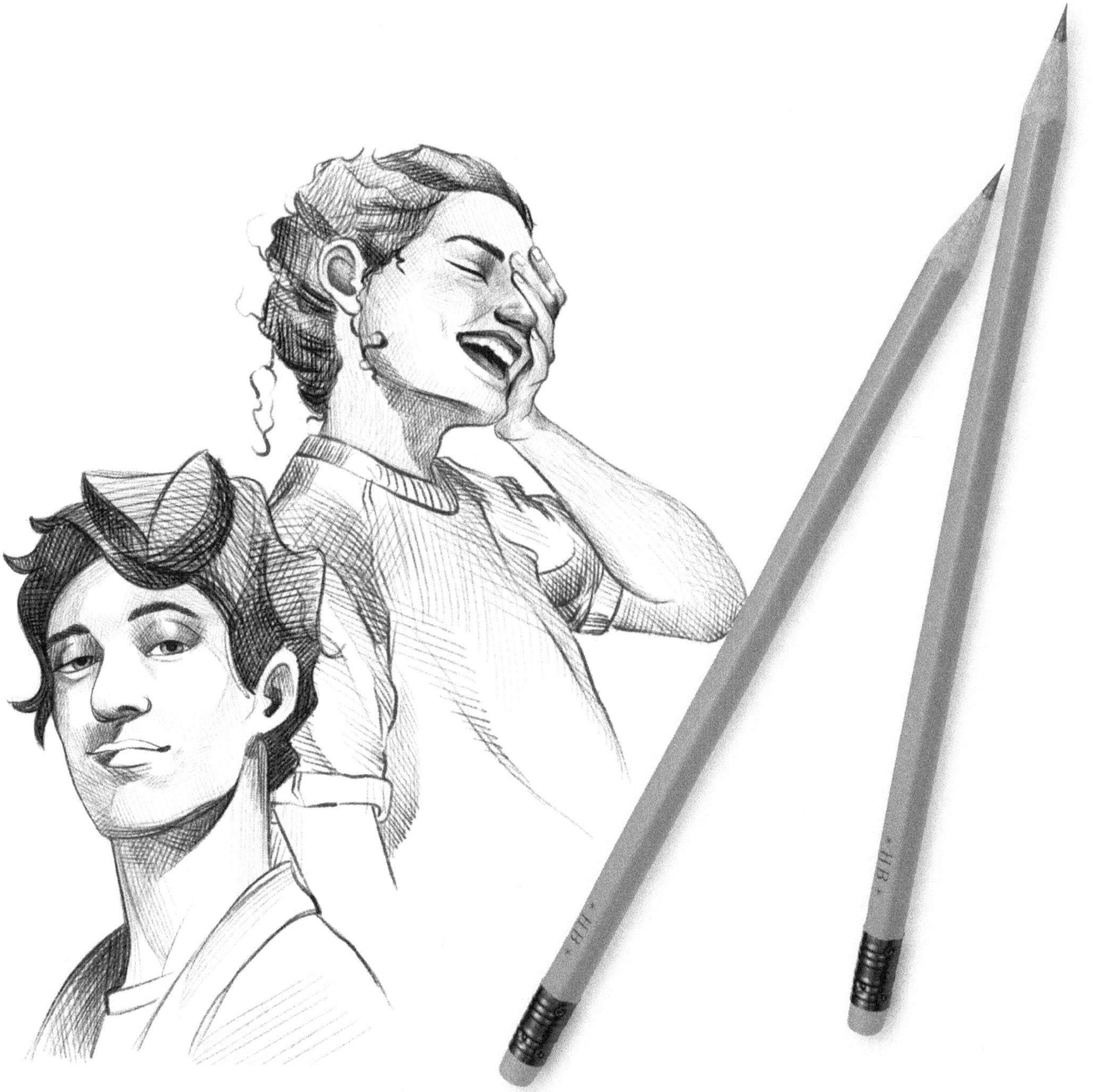

Tenga en cuenta

Este libro es un libro. Copyright © 2024 por todos los autores y editores de esta obra y Amazon Kindle Publishing. Todos los derechos reservados en todo el mundo. Ninguna parte de esta publicación puede ser reproducida o transmitida en forma alguna sin el consentimiento previo por escrito del editor. Límite de responsabilidad/Rechazo de garantía: El editor y el autor no representan ni garantizan la exactitud o integridad de estos contenidos y renuncian a todas las garantías, tales como garantías de idoneidad para un propósito particular. El autor o el editor no se hacen responsables de daños de ningún tipo. El hecho de que en este documento se haga referencia a una persona u organización como cita o fuente de información no implica que el autor o el editor aprueben la información facilitada por dicha persona u organización.

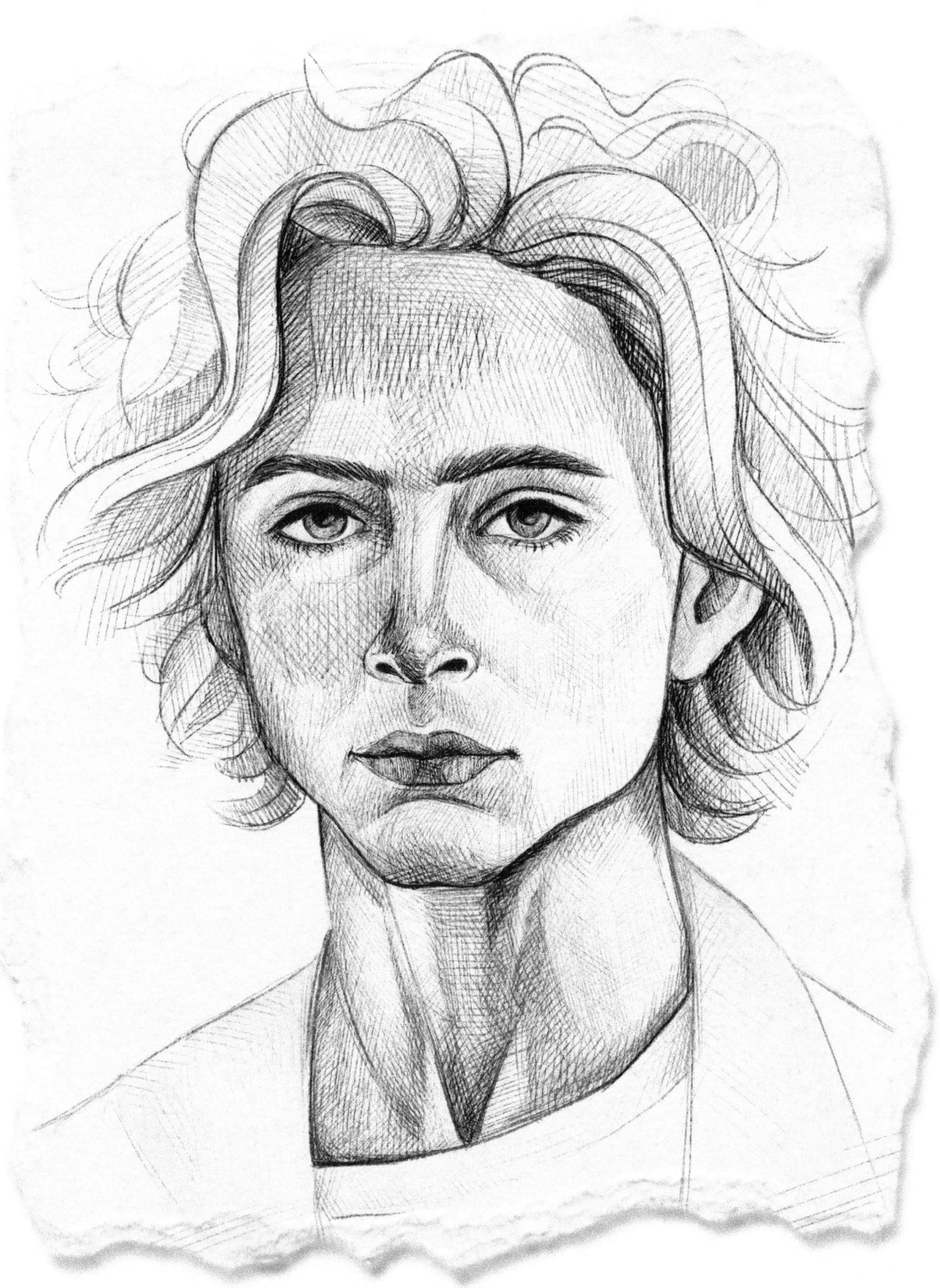

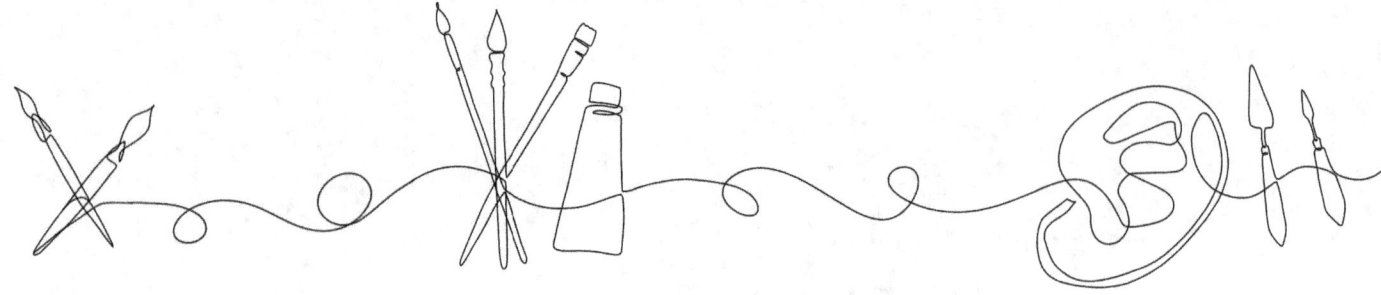

CONTENIDO

Introducción 2
Materiales esenciales 3

Fundamentos del dibujo:
Sombreado 5
Luz y sombra 7
Formas sencillas 9
Composición 13
Perspectiva 17

Dibujar retratos:
Retrato de mujer 19
Retrato de hombre 29
Transmitir emociones 39
Práctica 45

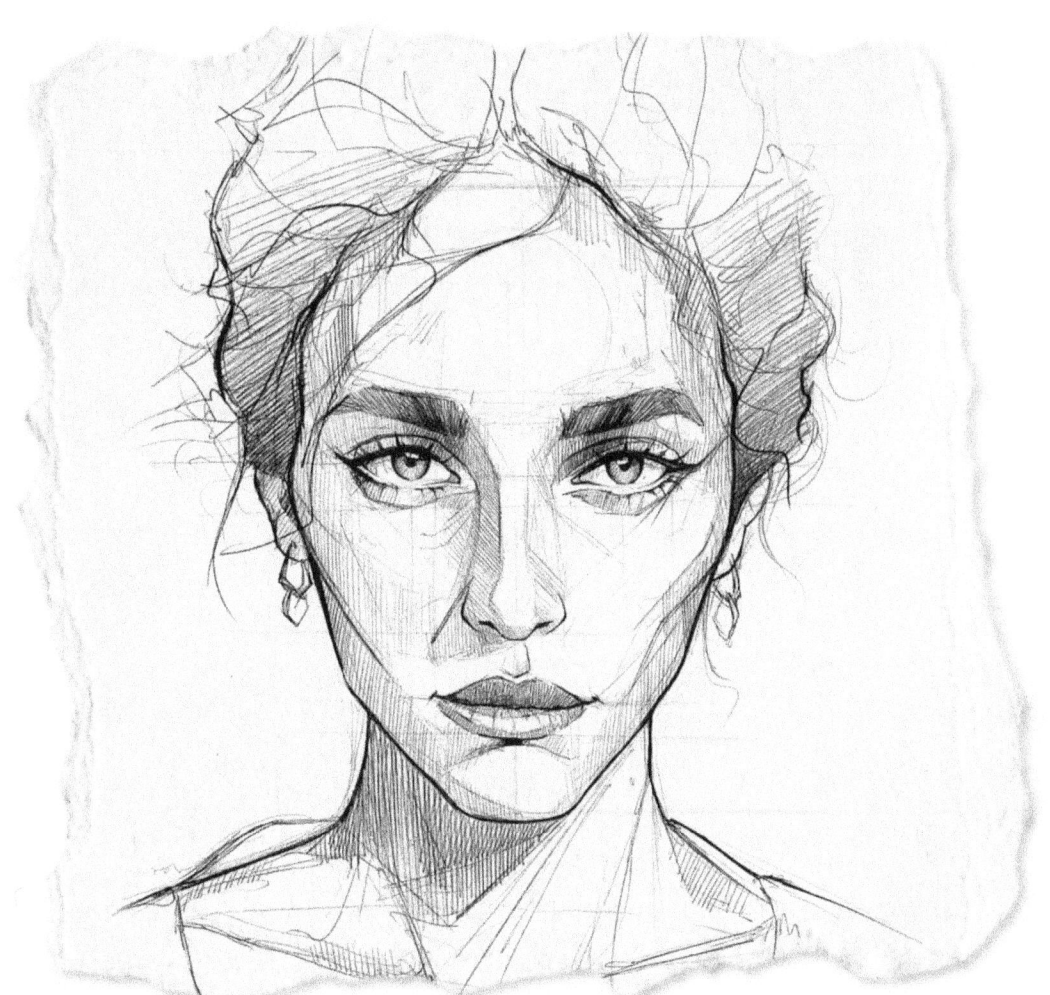

INTRODUCCIÓN

Bienvenido a la guía para dibujar retratos. Aquí encontrarás todo lo que necesitas para dominar esta habilidad paso a paso. Lo haremos de forma sencilla, empezando por lo básico y avanzando poco a poco.
 En primer lugar, vamos a prepararte con las herramientas y los materiales adecuados. Una vez que estés listo, empezaremos con formas sencillas y pasaremos a composiciones más complejas.
 Cuando llegues al final, serás capaz de dibujar retratos de cualquier persona, desde adultos hasta niños. Recuerda que la práctica hace al maestro. Tómate tu tiempo y no seas demasiado duro contigo mismo. Con nuestra ayuda y un poco de esfuerzo, crearás bonitos retratos en un abrir y cerrar de ojos.
 Así que, ¡a divertirse con el arte!

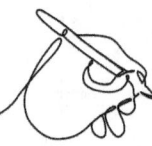 # MATERIALES ESENCIALES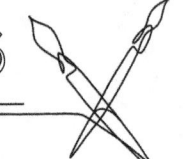

Ahora que estás deseando empezar a dibujar retratos, es hora de reunir los materiales esenciales. No te preocupes, no necesitarás nada demasiado sofisticado. Esto es lo que necesitas para empezar:

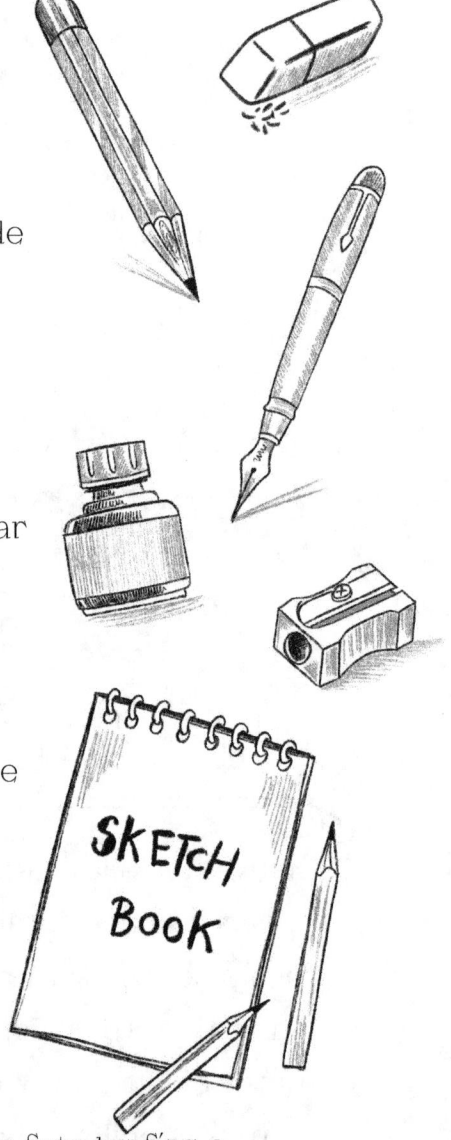

LÁPICES: Un juego de lápices de grafito del 2H al 6B te dará la flexibilidad necesaria para crear tanto contornos claros como sombreados más oscuros.

PAPEL: Elige un papel liso y grueso o un cuaderno de dibujo diseñado específicamente para dibujar. La superficie debe poder borrarse y difuminarse sin romperse.

GOMA DE BORRAR: Las gomas de borrar amasadas son perfectas para levantar el grafito sin dejar residuos, mientras que las de vinilo resultan útiles para correcciones más precisas.

HERRAMIENTAS PARA DIFUMINAR: Considera la posibilidad de añadir un tocón o tortillón de difuminar a tu caja de herramientas para difuminar el grafito sin problemas y crear transiciones suaves.

SACAPUNTAS: Mantén tus lápices afilados con un sacapuntas de calidad o un taco de lija para conseguir líneas y detalles precisos.

MATERIALES DE REFERENCIA: Reúne fotografías o imágenes de rostros para utilizarlas como referencia mientras practicas. Puedes encontrar muchos recursos gratuitos en Internet o utilizar revistas y libros para inspirarte.

EXTRAS OPCIONALES: Si te sientes aventurero, experimenta con lápices de colores, carboncillo o pasteles para añadir profundidad y dimensión a tus retratos.

CONSEJO:

Dureza y blandura: Los lápices se clasifican en función de su dureza (H) y suavidad (B). Los lápices más duros (por ejemplo, 2H) producen líneas más claras, ideales para bocetos y contornos iniciales. Los lápices más blandos (por ejemplo, 2B, 4B) crean líneas más oscuras y sombreados, perfectos para añadir profundidad y detalle.

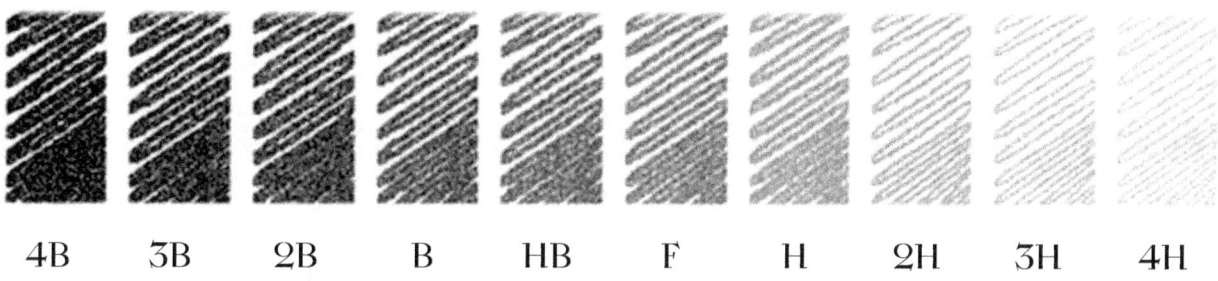

4B 3B 2B B HB F H 2H 3H 4H

CONSEJO:

Ten en cuenta la textura: El papel tiene varias texturas, desde el liso hasta el rugoso. El papel liso es excelente para trabajos detallados y líneas nítidas, mientras que el papel con textura añade profundidad y carácter a tus dibujos. Experimenta con distintas texturas para encontrar la que mejor se adapte a tu estilo.

Tramado sobre papel liso | Eclosión sobre papel rugoso

Con estos materiales, estarás bien equipado para enfrentarte a los retos del dibujo de retratos. Sé paciente, mantén la curiosidad y, sobre todo, disfruta del proceso de dar vida a los rostros sobre el papel. ¡Feliz dibujo!

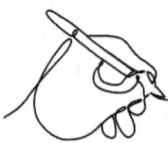 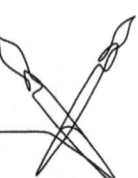

ECLOSIÓN

El rayado es una técnica de dibujo fundamental para crear valor, textura y profundidad en las obras de arte. Consiste en dibujar una serie de líneas o trazos paralelos muy juntos para formar un patrón, normalmente en líneas rectas o curvas. Estas líneas suelen superponerse o cruzarse entre sí, creando zonas de tono más oscuro o más claro en función de su densidad y espaciado.

A continuación te explicamos por qué se utiliza el sombreado y algunos consejos para mejorarlo:

1. Valor y sombreado: El sombreado se utiliza principalmente para representar luces y sombras en los dibujos. Variando la densidad, longitud y dirección de las marcas de sombreado, los artistas pueden crear la ilusión de volumen y forma, añadiendo profundidad y dimensión a sus obras.

2. Textura: El tramado también puede utilizarse para crear texturas en los dibujos, como la superficie rugosa de la madera o el suave pelaje de un animal. Variando el espaciado y el ángulo de las marcas de sombreado, los artistas pueden imitar el aspecto de diferentes superficies y materiales.

3. Detalle y definición: El rayado es una técnica eficaz para añadir detalle y definición a los dibujos. Al superponer cuidadosamente las marcas de trama, los artistas pueden realzar los contornos, los bordes y las características de los objetos, creando una sensación de realismo y profundidad.

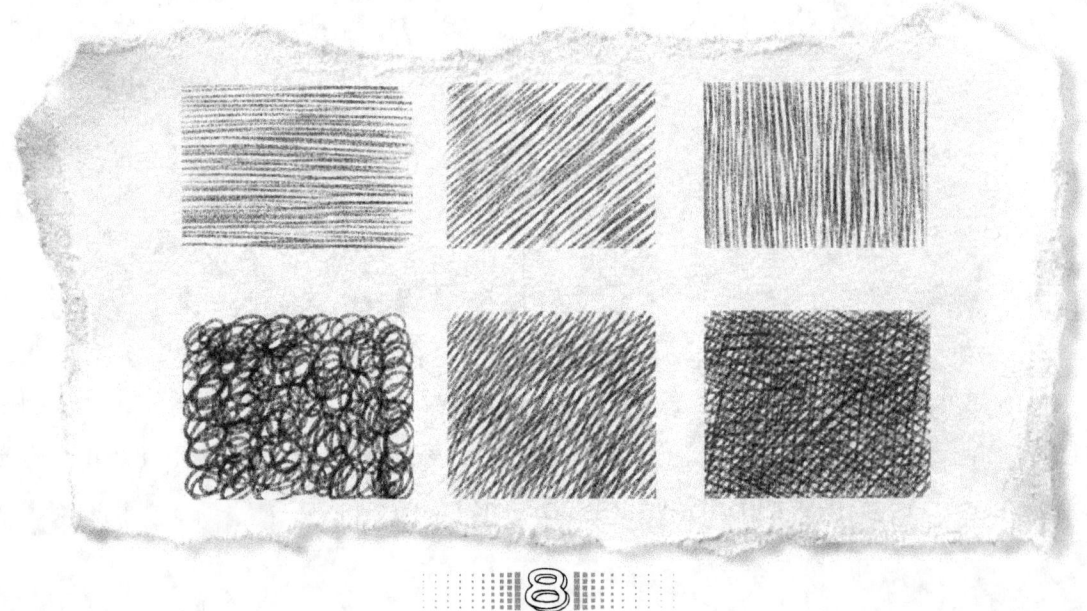

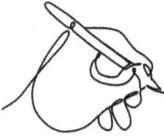 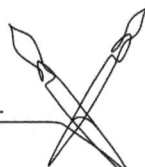

TIPOS DE ECLOSIÓN

SOMBREADO PARALELO: : Es el tipo más común de sombreado, en el que se dibujan líneas paralelas muy juntas, normalmente en la misma dirección. El espaciado y la densidad de las líneas determinan la oscuridad o claridad de la zona sombreada.

SOMBREADO CRUZADO: El sombreado cruzado consiste en dibujar conjuntos de líneas paralelas en distintas direcciones, creando un patrón similar a una malla. Al superponer las líneas en varios ángulos, los artistas pueden conseguir tonos más oscuros y sombras más profundas, añadiendo dimensión y volumen a sus dibujos.

SOMBREADO DE CONTORNOS: En el sombreado de contornos, las líneas se dibujan siguiendo los contornos del sujeto. Esta técnica ayuda a definir la forma de los objetos, acentuando sus cualidades tridimensionales.

DIFUMINADO: El difuminado permite a los artistas mezclar y suavizar líneas, tonos y texturas. Frotando o emborronando suavemente los medios de dibujo, como el grafito o el carboncillo, se pueden crear transiciones suaves entre las zonas de luz y sombra, así como suavizar los bordes ásperos.

PUNTEADO: Aunque no es estrictamente rayado, el punteado consiste en crear sombreado y textura utilizando puntos en lugar de líneas. Variando la densidad y el espaciado de los puntos, los artistas pueden conseguir una amplia gama de tonos y efectos, desde sutiles degradados hasta patrones intrincados.

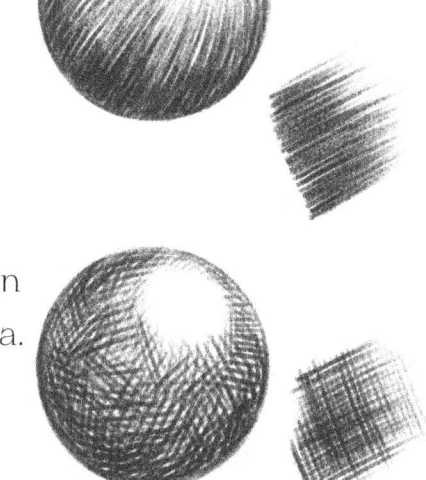
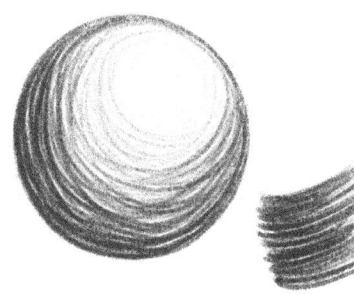
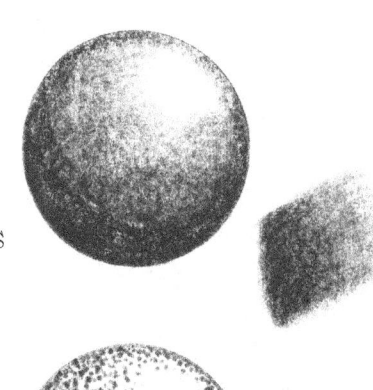
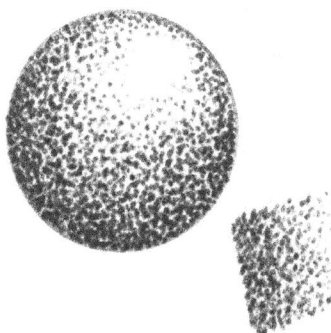

EJERCICIO

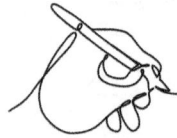
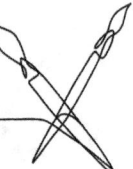

En este ejercicio, nos adentraremos en el arte del trazo experimentando con distintas técnicas de sombreado y variaciones de intensidad.

1. Elige tu medio de dibujo y tus herramientas.
2. Experimenta con las técnicas de rayado: paralelo, cruzado, contorno y punteado.
3. Varía la intensidad de la línea de atrevida a delicada ajustando la presión.

No dude en explorar y experimentar.

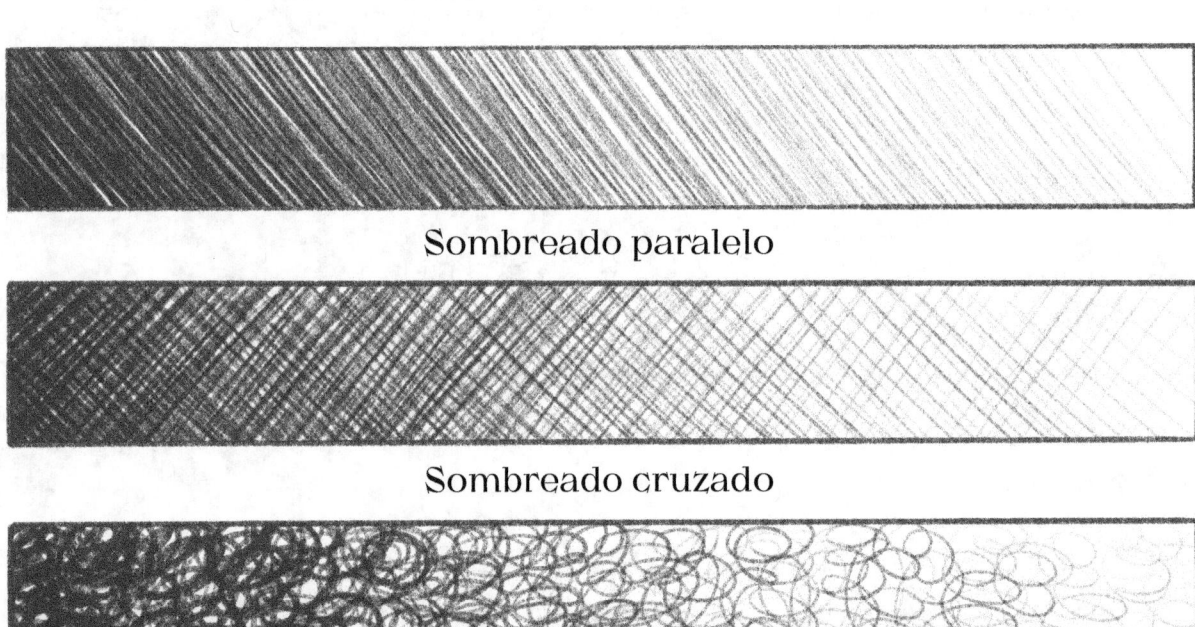

Sombreado paralelo

Sombreado cruzado

Línea suelta

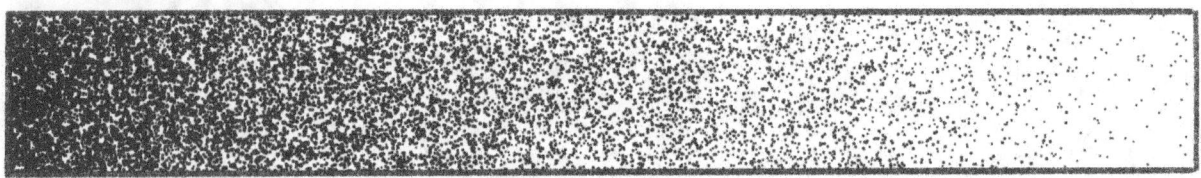

Punteado

Difuminado

EJERCICIO

Vamos a sumergirnos en el sombreado de una forma sencilla. Comience con un círculo y emplee varias técnicas de sombreado para infundirle dimensión. Aquí tienes un ejemplo para guiarte.

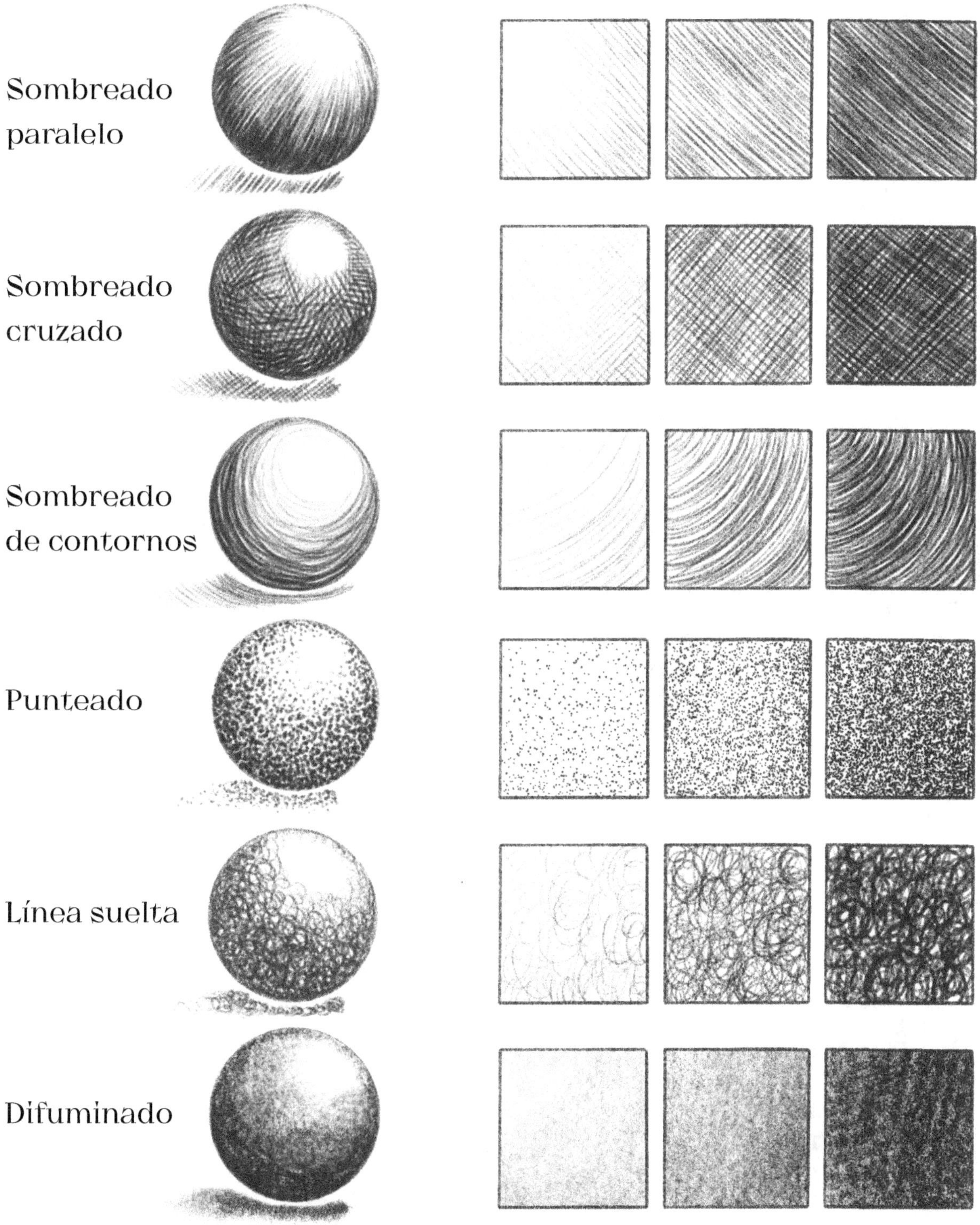

Sombreado paralelo

Sombreado cruzado

Sombreado de contornos

Punteado

Línea suelta

Difuminado

LUCES Y SOMBRAS

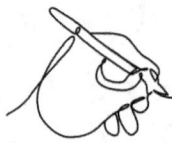
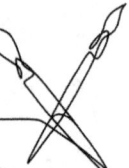

La luz y la sombra desempeñan un papel crucial en la creación de profundidad, volumen y realismo en las obras de arte. Proporcionan señales visuales esenciales que ayudan a transmitir al espectador la forma, la textura y el estado de ánimo.

La luz ilumina los objetos, resaltando sus superficies y definiendo sus contornos. Las sombras, en cambio, se producen cuando la luz queda obstruida o bloqueada, creando zonas de oscuridad y contraste. Juntas, la luz y la sombra esculpen la apariencia tridimensional de los objetos, dándoles peso, presencia y verosimilitud en la página.

Examinemos el siguiente ejemplo

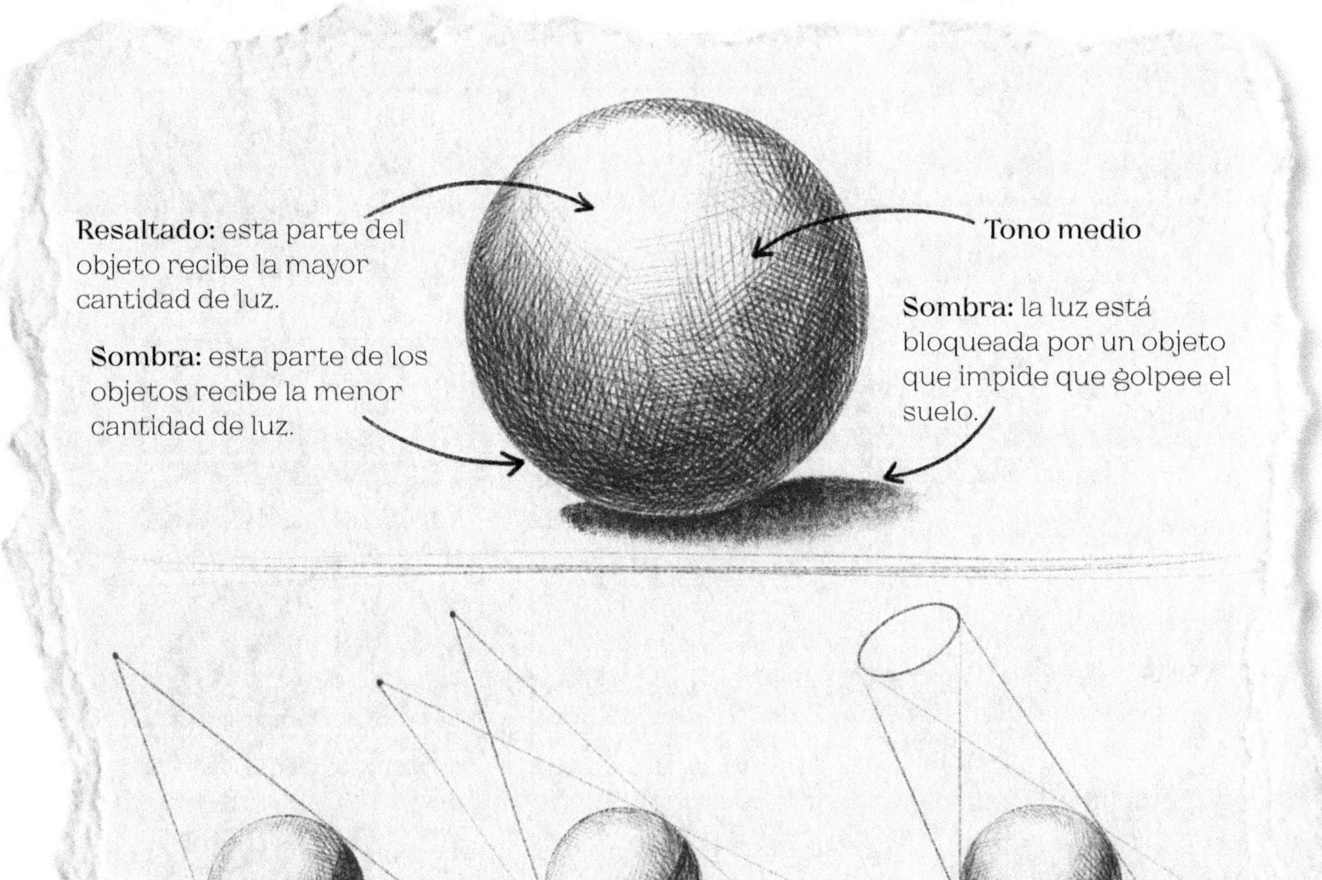

Resaltado: esta parte del objeto recibe la mayor cantidad de luz.

Sombra: esta parte de los objetos recibe la menor cantidad de luz.

Tono medio

Sombra: la luz está bloqueada por un objeto que impide que golpee el suelo.

CONSEJOS: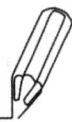

1. **OBSERVA:** Empieza observando detenidamente el motivo y analizando cómo incide la luz sobre sus superficies. Presta atención a la dirección, intensidad y calidad de la luz, así como a las formas de las sombras.

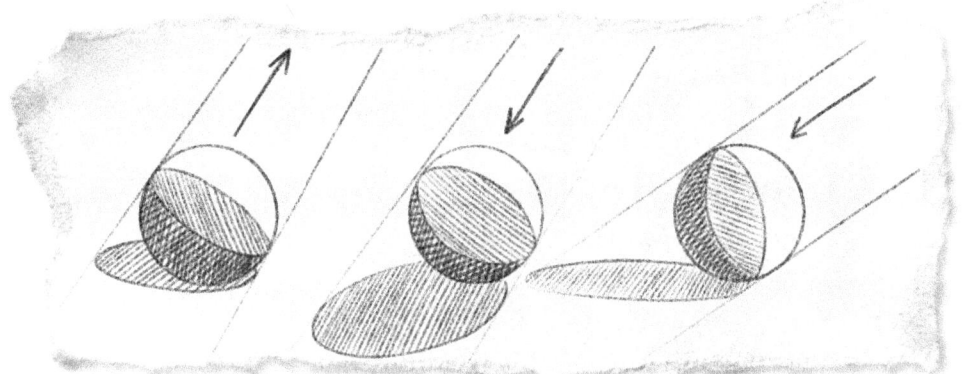

2. **ESBOZA LA FORMA:** Empieza esbozando los contornos y las formas básicas del motivo, con trazos ligeros y sueltos. Concéntrate en captar la forma y las proporciones generales, así como las principales zonas de luz y sombra.

3. **IDENTIFICA LAS FUENTES DE LUZ:** Determina las fuentes de luz principales y su dirección.

4. **BLOQUEE LOS TONOS BÁSICOS:** Comience a bloquear las zonas básicas de luz y sombra utilizando valores de tonos medios. Utiliza la presión de la luz para crear sombras suaves y uniformes, aumentando gradualmente las formas y el volumen del sujeto.

5. **ESTABLEZCA LAS SOMBRAS CENTRALES:** Identifique las zonas de sombra centrales, las partes más oscuras de las sombras.

6. **AÑADE REFLEJOS:** Identifica las zonas del sujeto que están directamente orientadas hacia las fuentes de luz y añade las luces correspondientes.

7. **PERFECCIONA Y DETALLA:** Perfecciona gradualmente el dibujo, añadiendo más detalles y textura a las superficies del sujeto. Utiliza las técnicas de sombreado que hemos aprendido.

FORMULARIOS SENCILLOS

Vamos a centrarnos en practicar el dibujo y la observación de formas sencillas. Dibujar formas sencillas es muy importante para mejorar el dibujo. Nos ayuda a comprender los conceptos básicos de la luz, la sombra y la forma. ¿Por qué es tan importante?

Dibujar formas sencillas entrena nuestros ojos para ver el mundo en términos de formas básicas. Esta habilidad es crucial porque nos ayuda a descomponer objetos complejos en partes más sencillas.

A menudo, los objetos complejos no son más que un montón de formas sencillas unidas de distintas maneras. Practicando el dibujo de formas sencillas, aprendemos a distinguir estas partes básicas en objetos complicados.

Así es mucho más fácil entenderlas y dibujarlas con precisión.

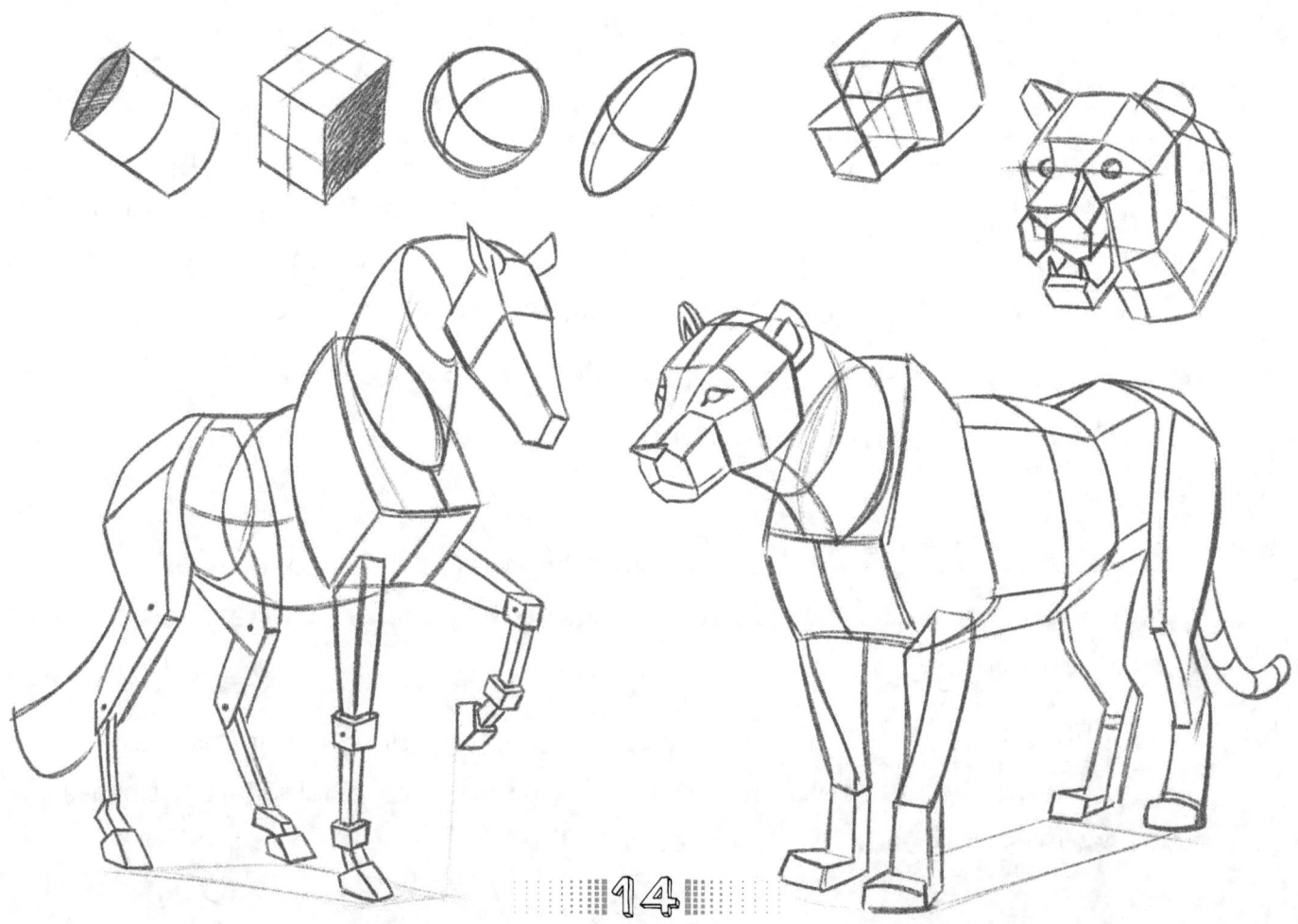

CUBO

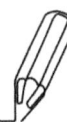

¡Vamos a profundizar en esto! ¡Aquí tienes los tutoriales para que practiques!

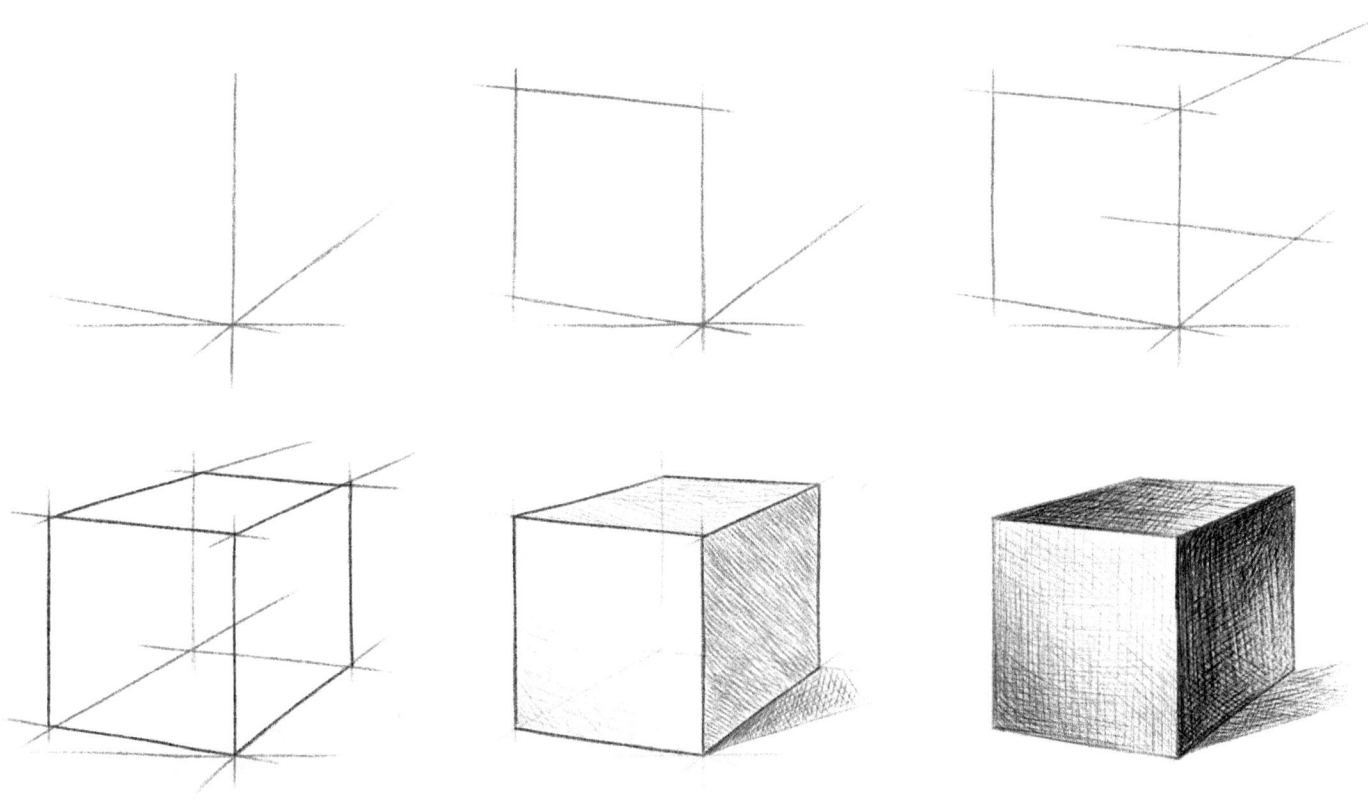

ALGUNOS OBJETOS BASADOS EN LA FORMA DE UN CUBO:

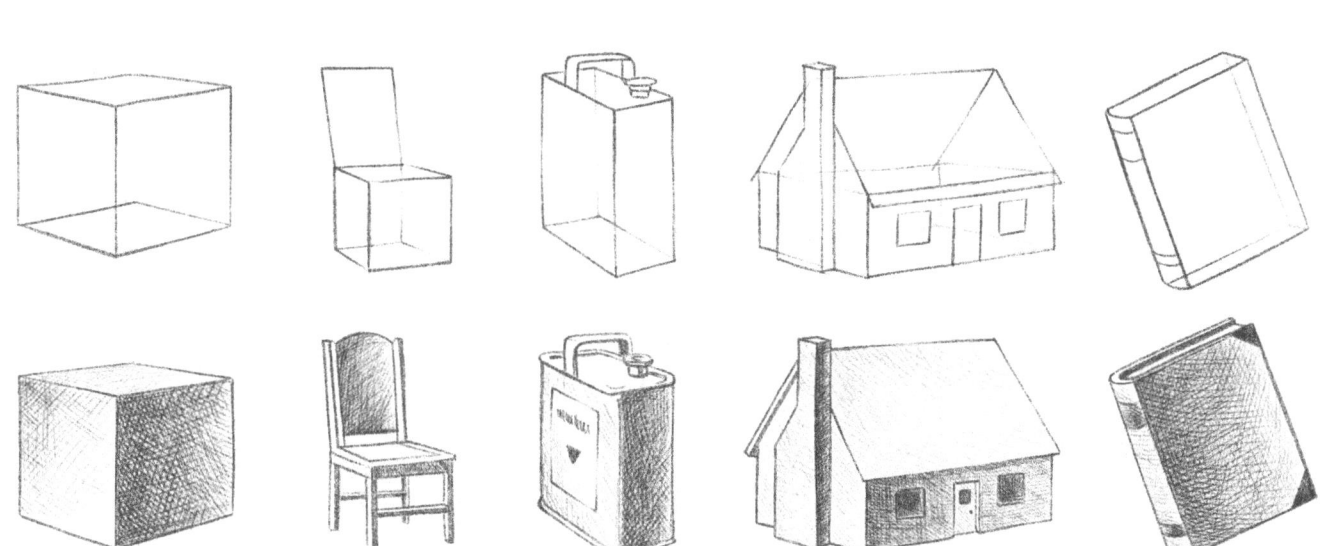

ESFERA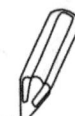

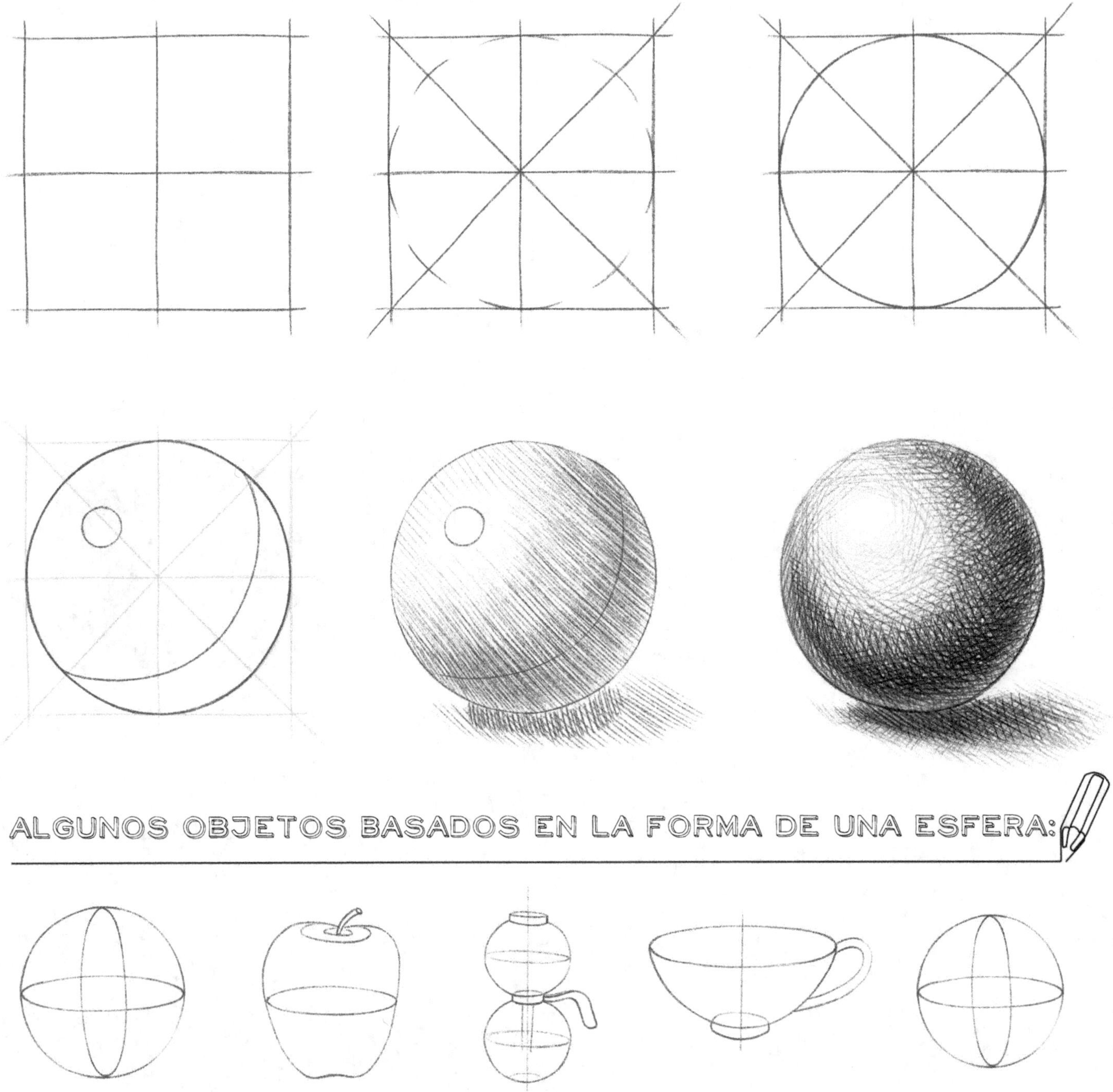

ALGUNOS OBJETOS BASADOS EN LA FORMA DE UNA ESFERA:

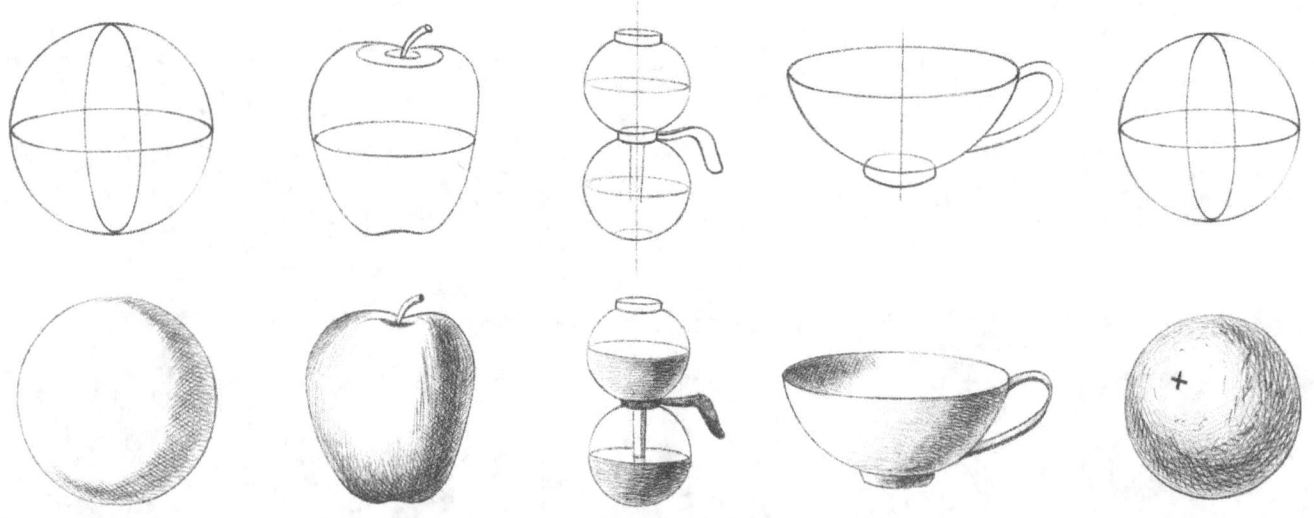

CONO

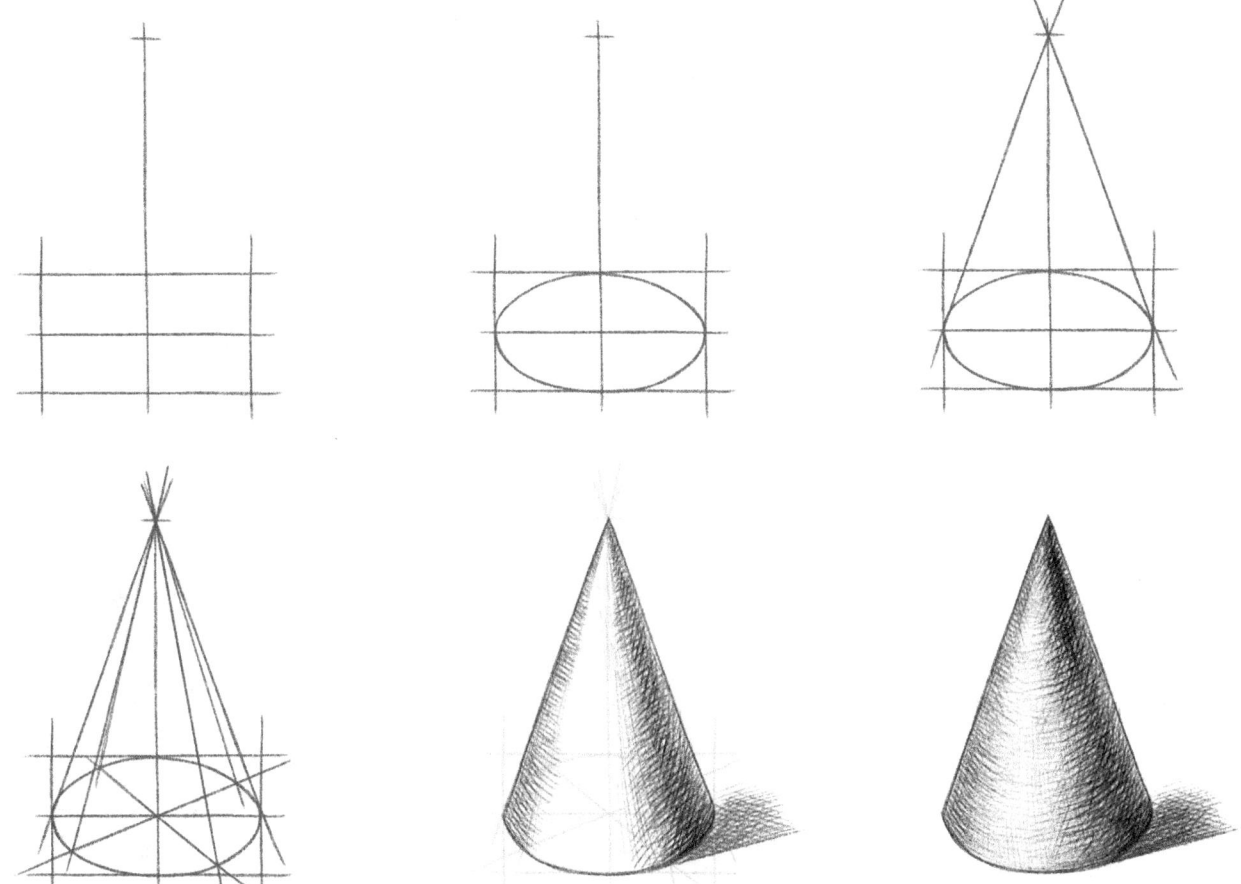

ALGUNOS OBJETOS BASADOS EN LA FORMA DE UN CONO:

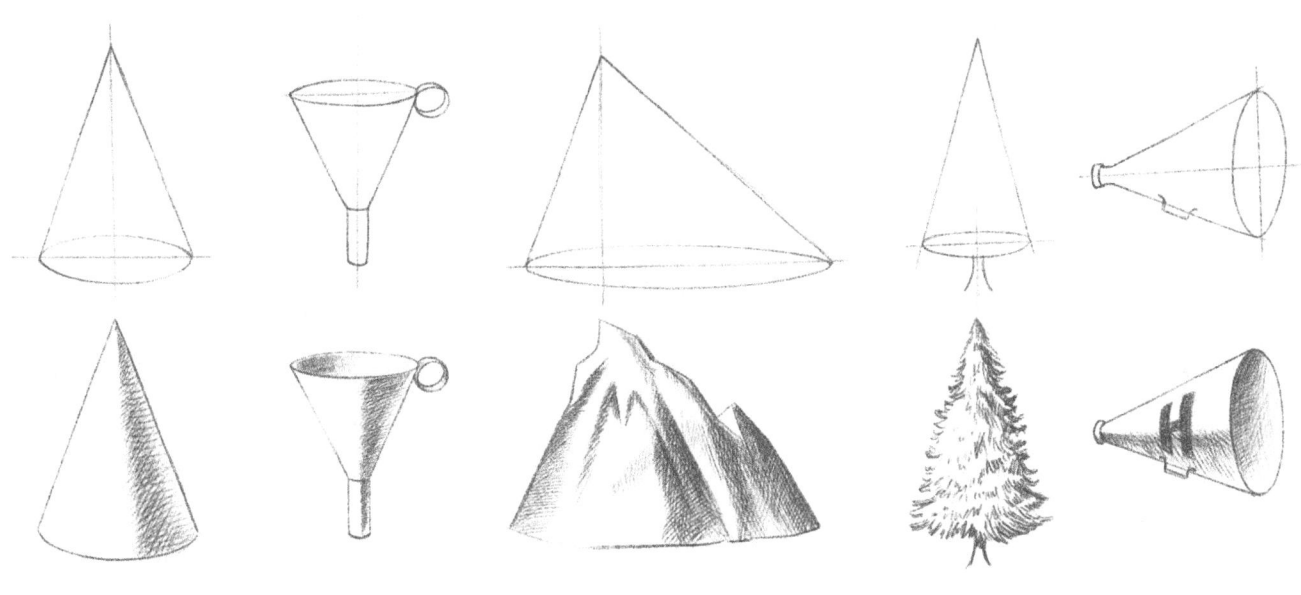

CILINDRO

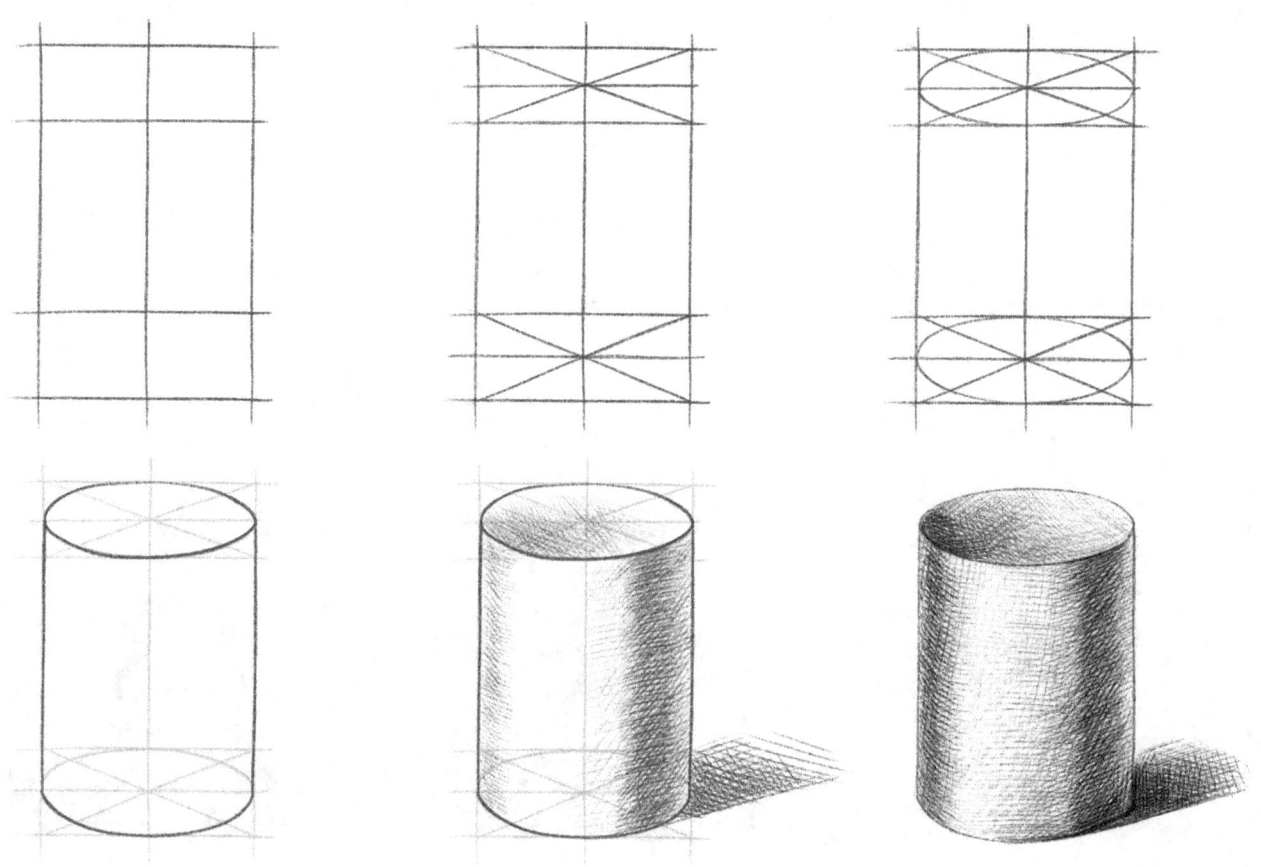

ALGUNOS OBJETOS BASADOS EN LA FORMA DE UN CILINDRO:

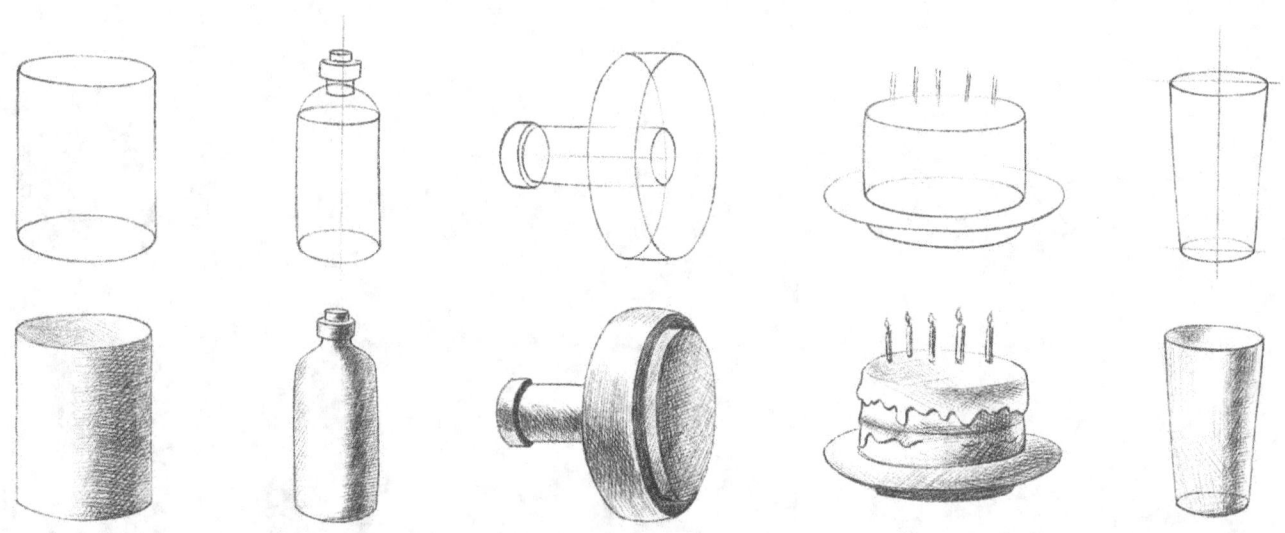

PIRÁMIDE

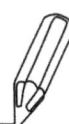

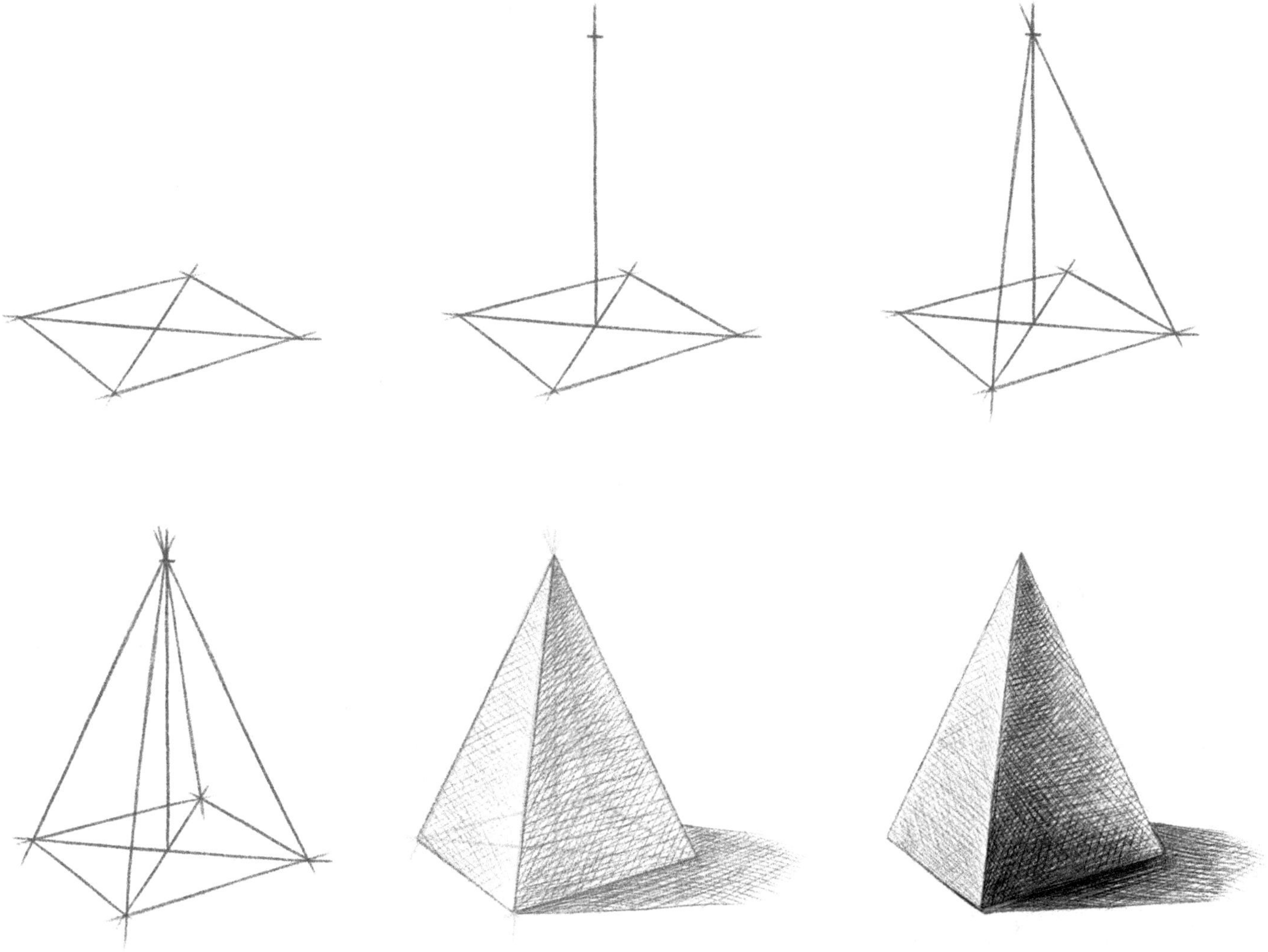

EJERCICIO

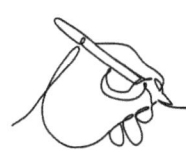
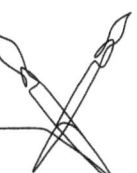

¡Aquí tienes una tarea! Tómate un momento para observar tu entorno e identificar los objetos que se pueden dibujar basándose en la forma de una pirámide.

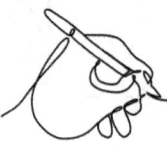 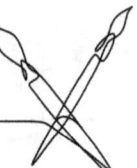

COMPOSICIÓN

La composición es la forma en que están dispuestos, organizados y combinados los objetos y sujetos que vas a dibujar. La composición también puede referirse al modo en que organizas y dispones las cosas en tu mente antes de dibujar.

Dominar la composición es fundamental para crear obras de arte visualmente atractivas y armoniosas. Un dibujo bien compuesto cautiva la atención del espectador, guía su mirada a través de la obra y comunica eficazmente el mensaje que pretende transmitir el artista.

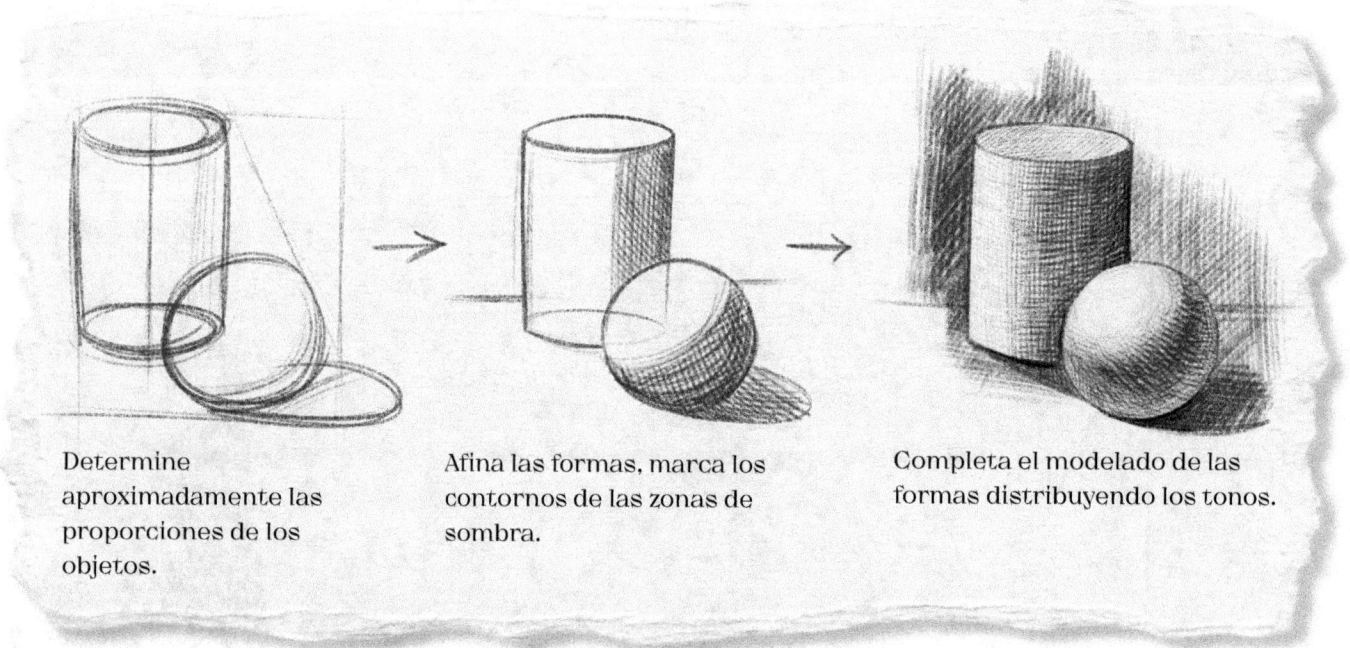

Determine aproximadamente las proporciones de los objetos.

Afina las formas, marca los contornos de las zonas de sombra.

Completa el modelado de las formas distribuyendo los tonos.

CONSEJOS:

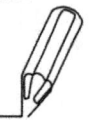

1. TEN EN CUENTA LA REGLA DE LOS TERCIOS: Divida la superficie de dibujo en tercios tanto horizontal como verticalmente. Coloca los elementos clave a lo largo de estas líneas o en sus intersecciones para crear equilibrio e interés visual.

2. CREE UN PUNTO FOCAL: Identifique el tema principal o punto focal del dibujo y sitúelo en un lugar destacado de la composición. Utiliza el contraste, el tamaño o la colocación para atraer la atención del espectador hacia este punto focal.

3. **EQUILIBRIO DE LOS ELEMENTOS:** Busca el equilibrio en la composición distribuyendo uniformemente el peso visual por todo el dibujo. Evite colocar todos los elementos en un lado o en una esquina, ya que esto puede desequilibrar e inestabilizar la composición.

4. **UTILIZA EL ESPACIO NEGATIVO:** No pase por alto la importancia del espacio negativo en su composición. Utiliza estratégicamente las zonas vacías para centrar la atención en el sujeto y crear equilibrio visual.

Ahora bien, ¿por qué es importante la composición para dibujar retratos?

Los retratos pueden variar significativamente en función de su composición, ya que ésta dicta cómo se presenta el sujeto dentro de la obra de arte. Es el director silencioso que orquesta la sinfonía de un retrato, guiando la mirada del espectador a través de una cautivadora narración de emociones, personalidad y profundidad.

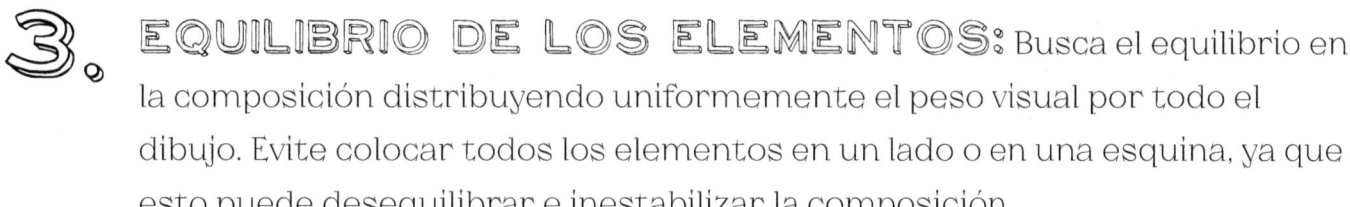

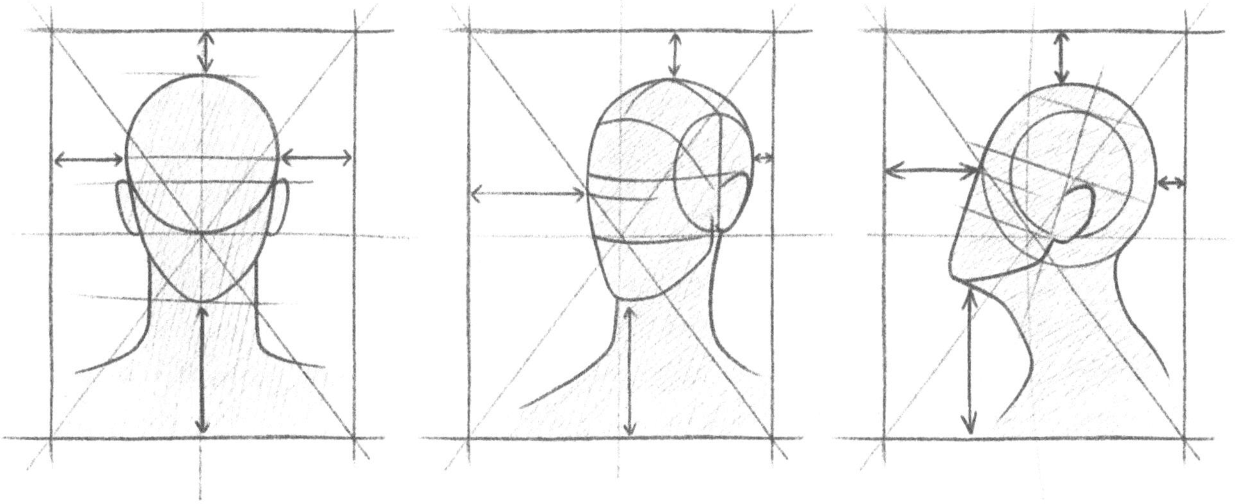

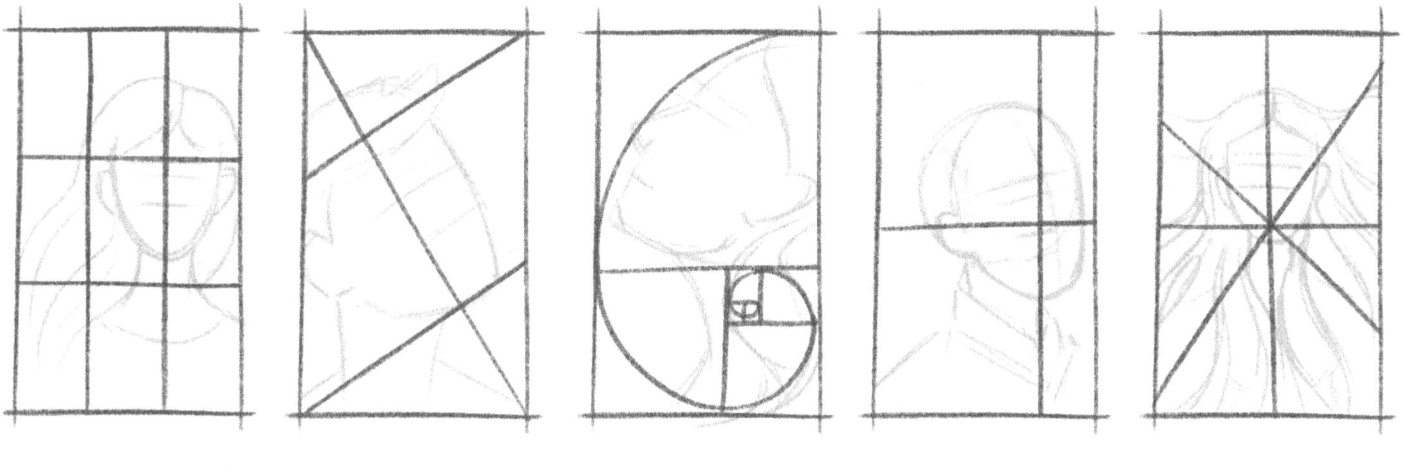

Utilizando las habilidades que acabas de adquirir, dibuja las composiciones dadas, siguiendo los tutoriales.

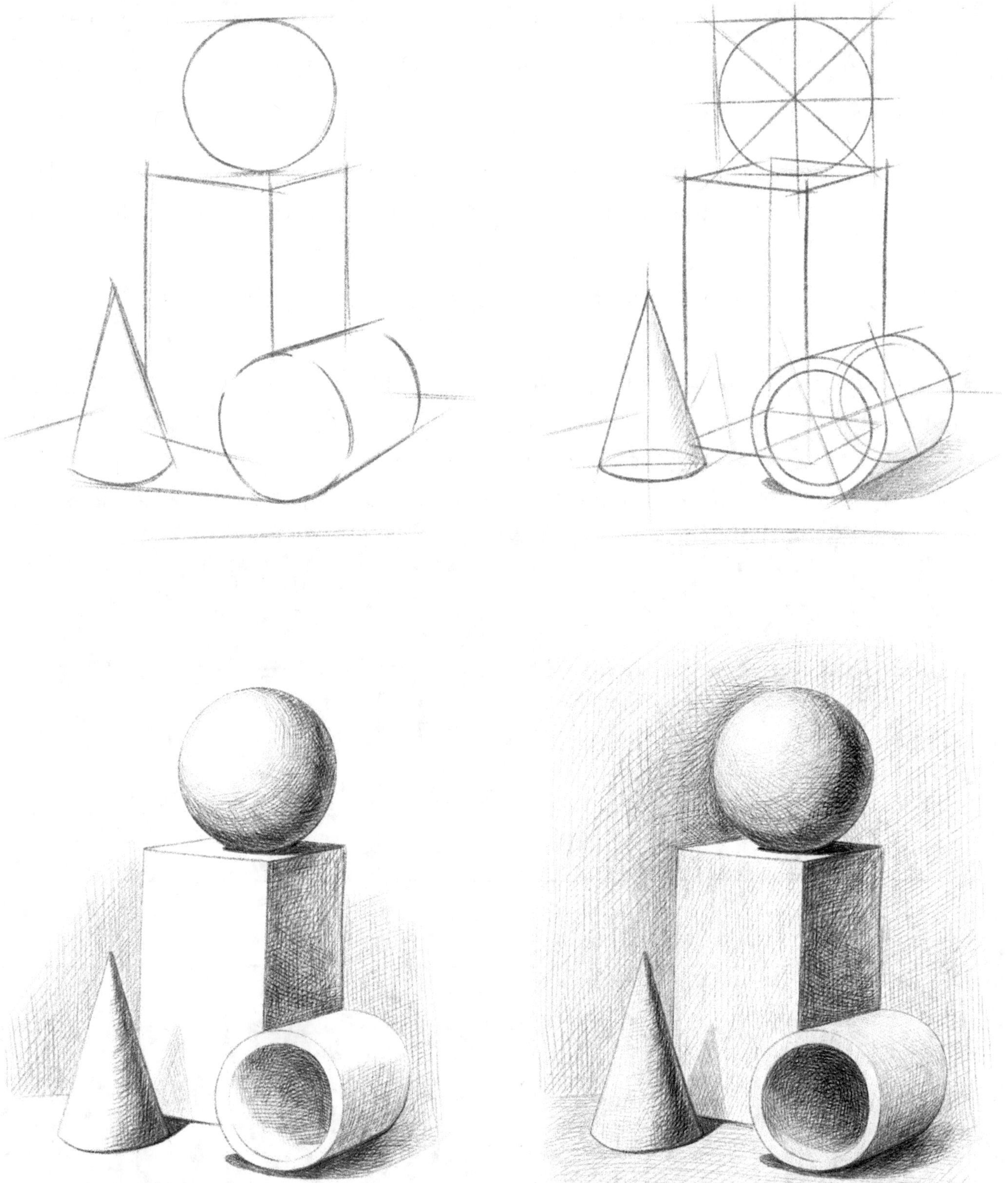

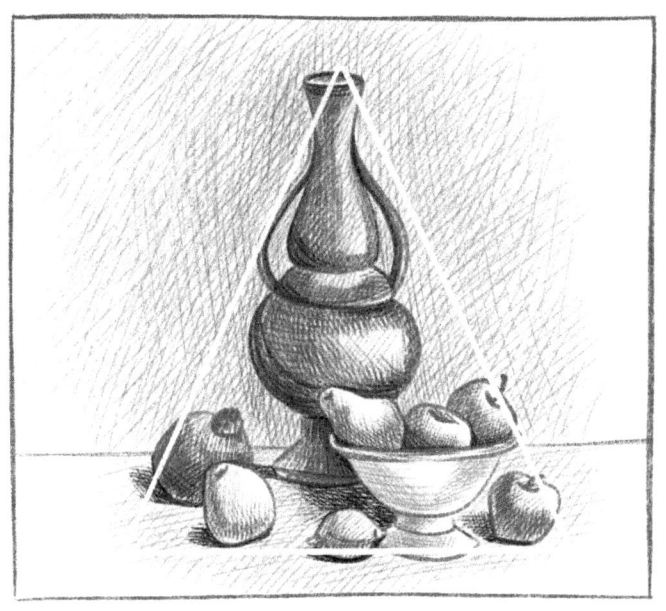
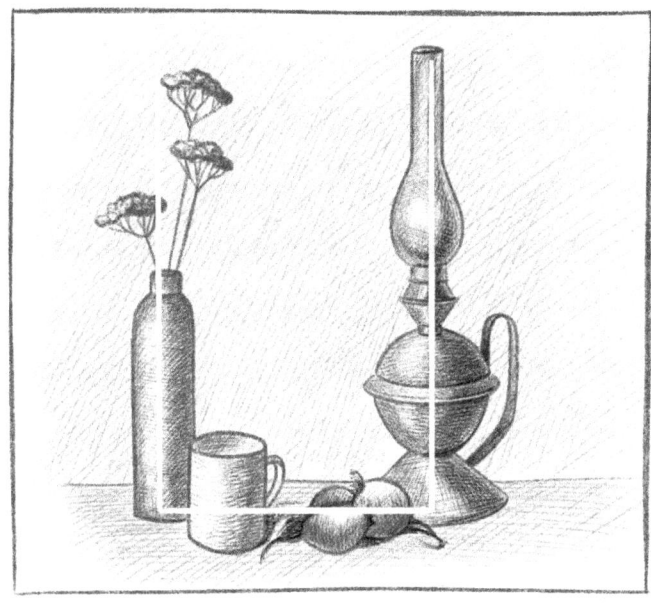
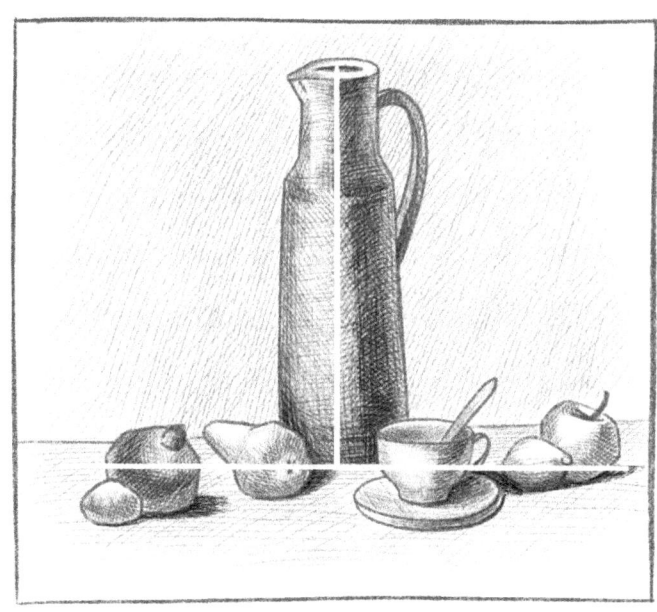
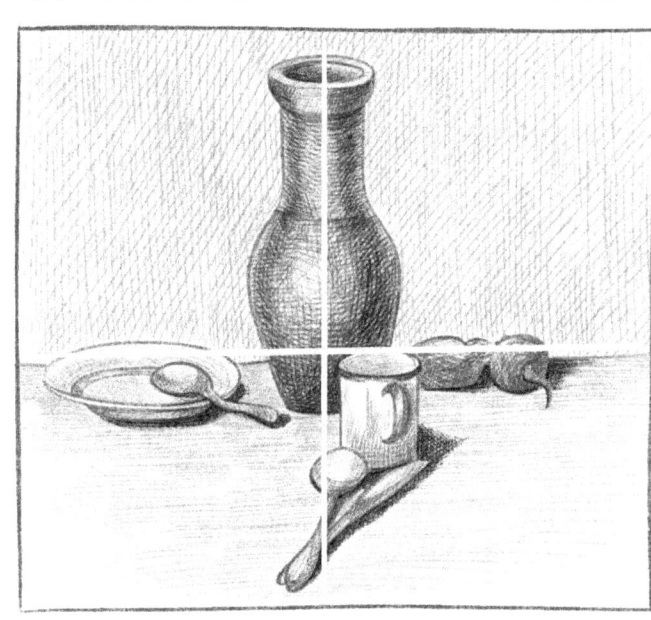
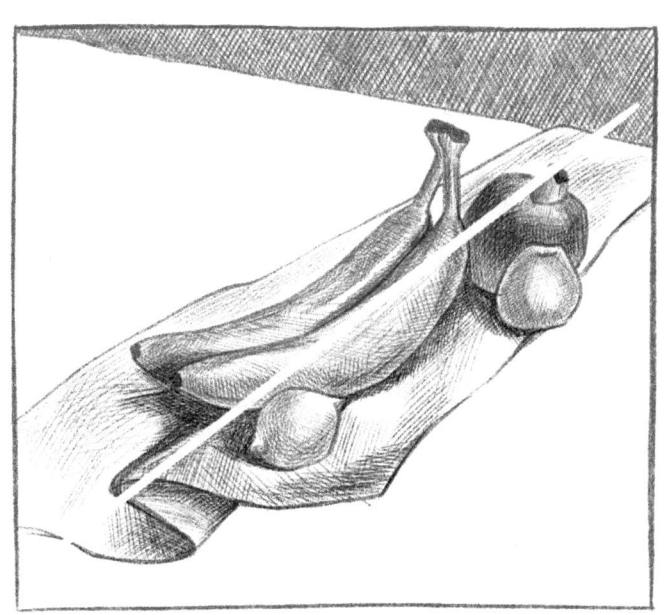
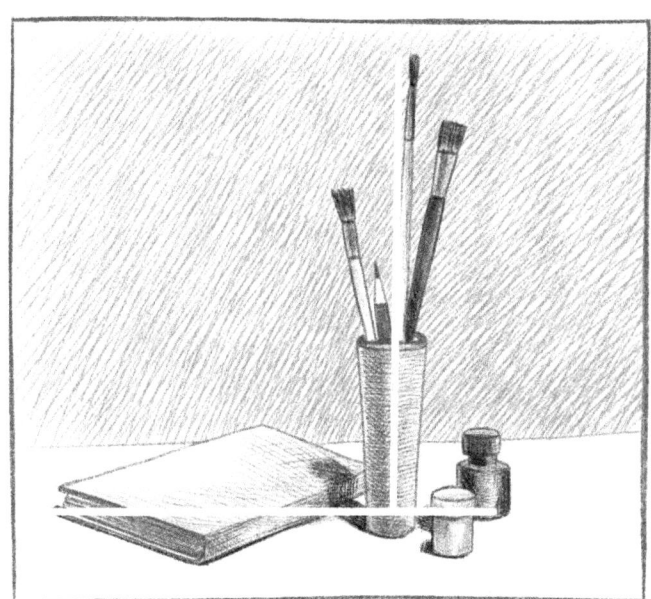

PERSPECTIVA

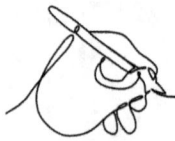
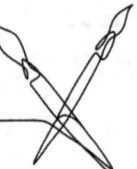

Nuestra percepción del mundo que nos rodea está estrechamente ligada a los principios de la perspectiva. En el ámbito del dibujo, la perspectiva es una poderosa herramienta para crear la ilusión de espacio tridimensional. Respetar las reglas de la perspectiva es esencial para hacer dibujos que parezcan reales y creíbles. En pocas palabras, la perspectiva añade profundidad, dimensión y relaciones espaciales a una obra de arte, dando como resultado una representación realista.

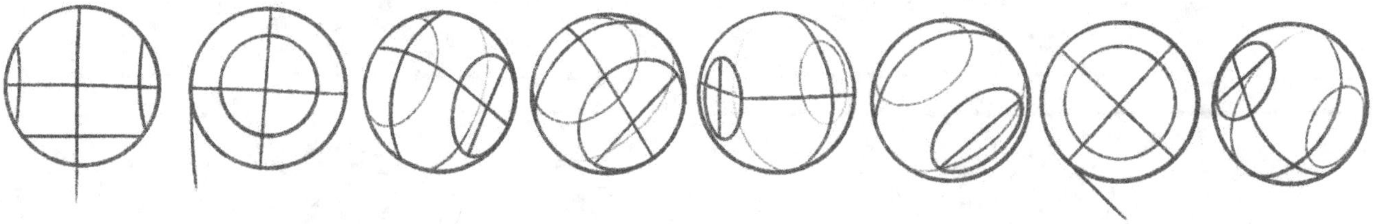

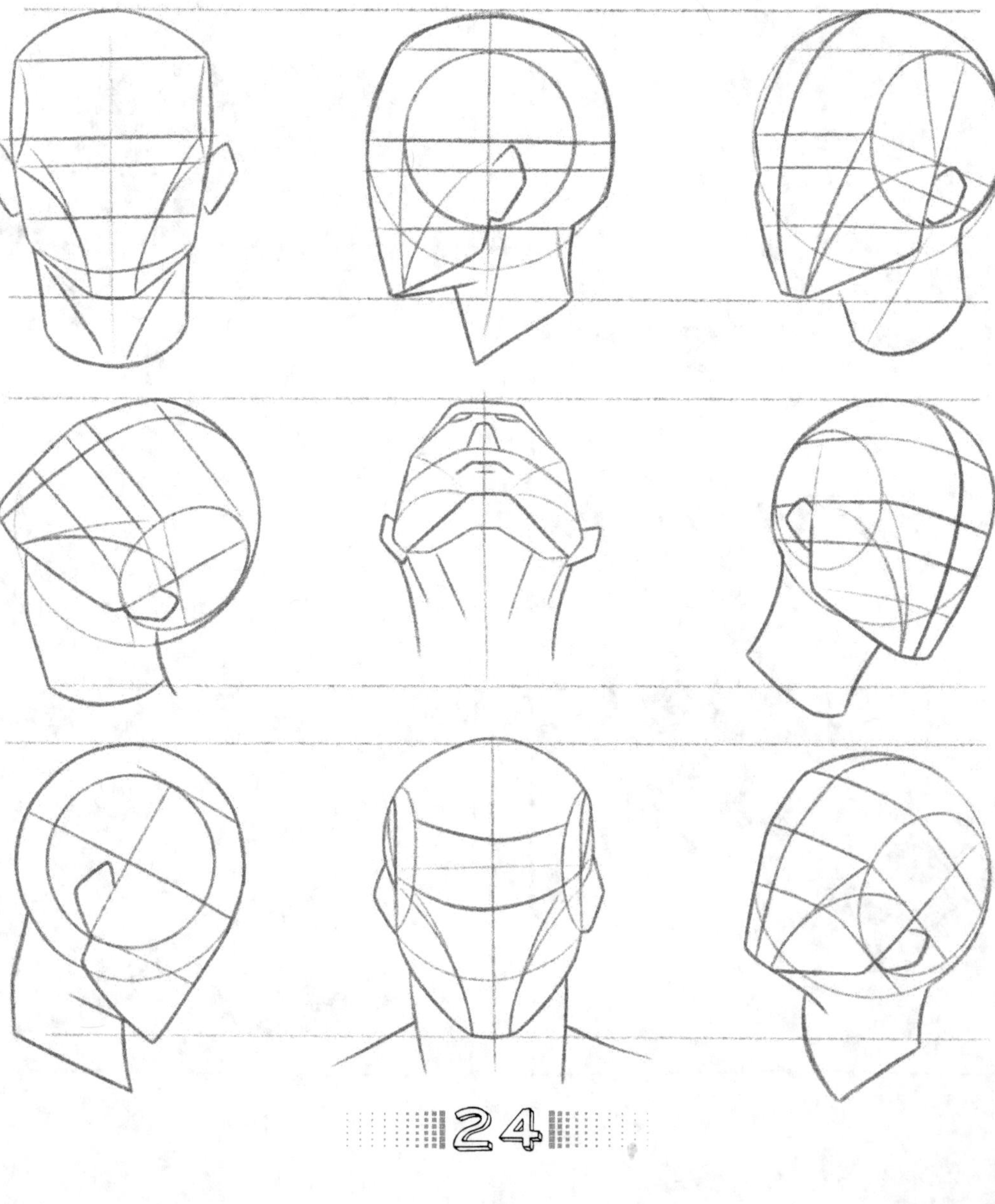

Mediante la manipulación de la perspectiva, los artistas pueden transmitir una sensación de forma y distancia entre los objetos, asegurándose de que se ven desde varios ángulos. Esta interacción dinámica de perspectivas ofrece a los espectadores una comprensión polifacética de la obra de arte desde su observación inicial. Ahora vamos a ver cómo dibujar un retrato desde distintos ángulos.

PASO 1:

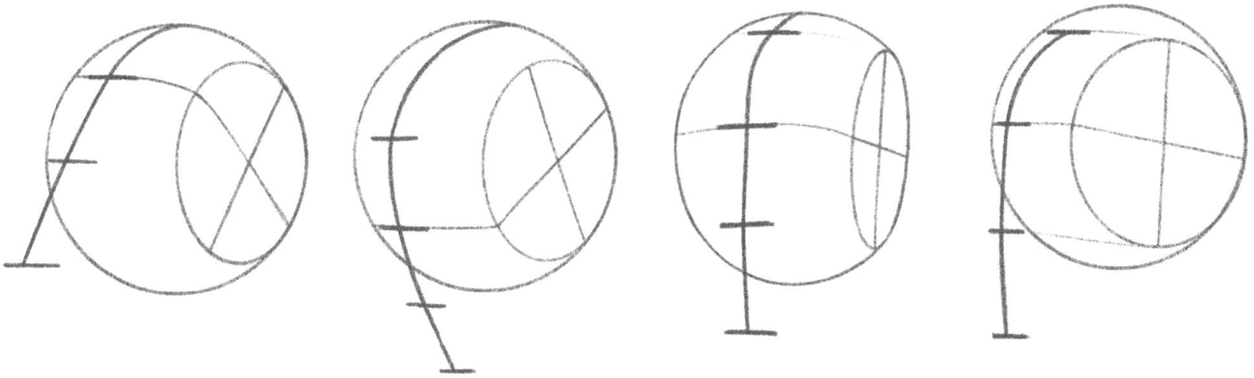

PASO 2:

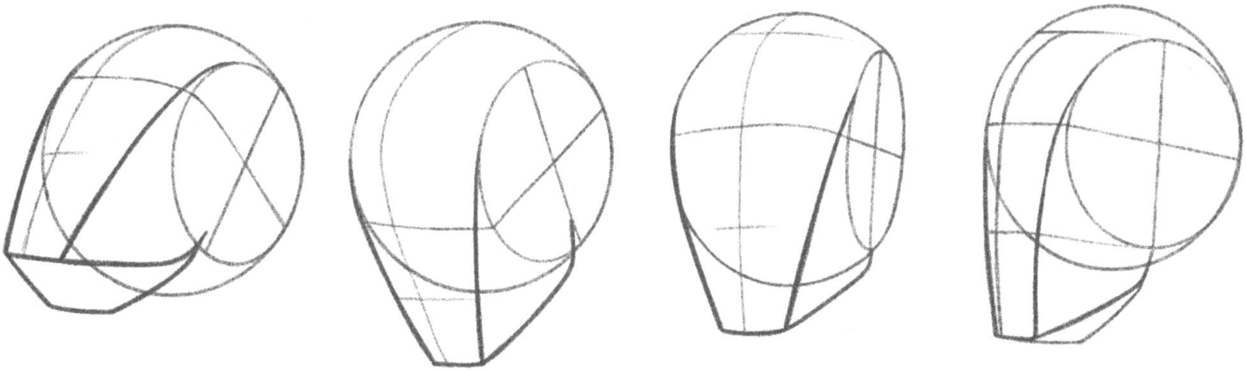

PASO 3:

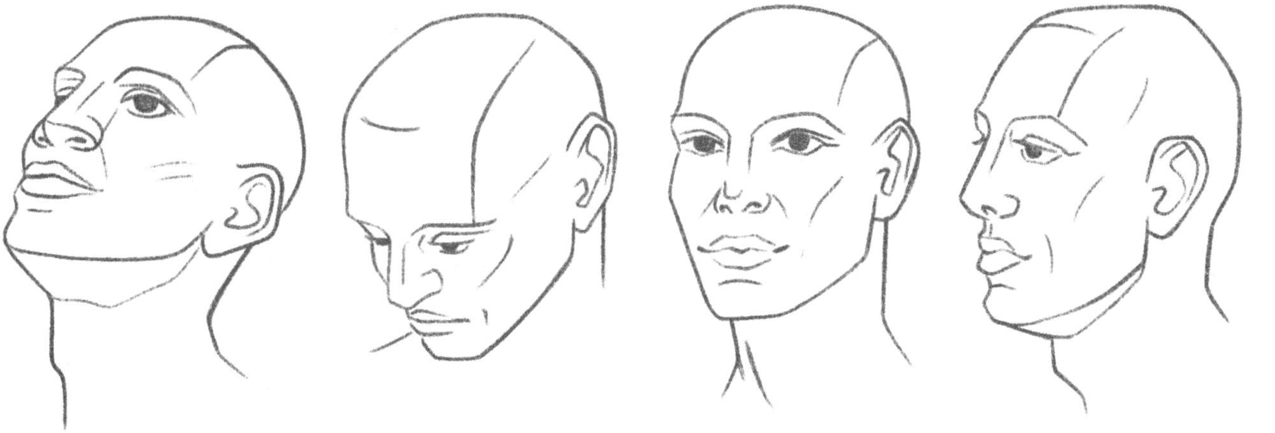

RETRATO DE MUJER

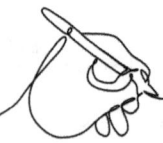
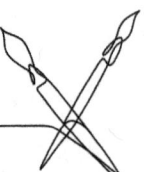

En la diversidad de rasgos faciales, las mujeres muestran una serie de rasgos que contribuyen a su belleza única. Cada persona tiene unos rasgos faciales únicos, aunque si quieres hacer un retrato más femenino, ten en cuenta lo siguiente:

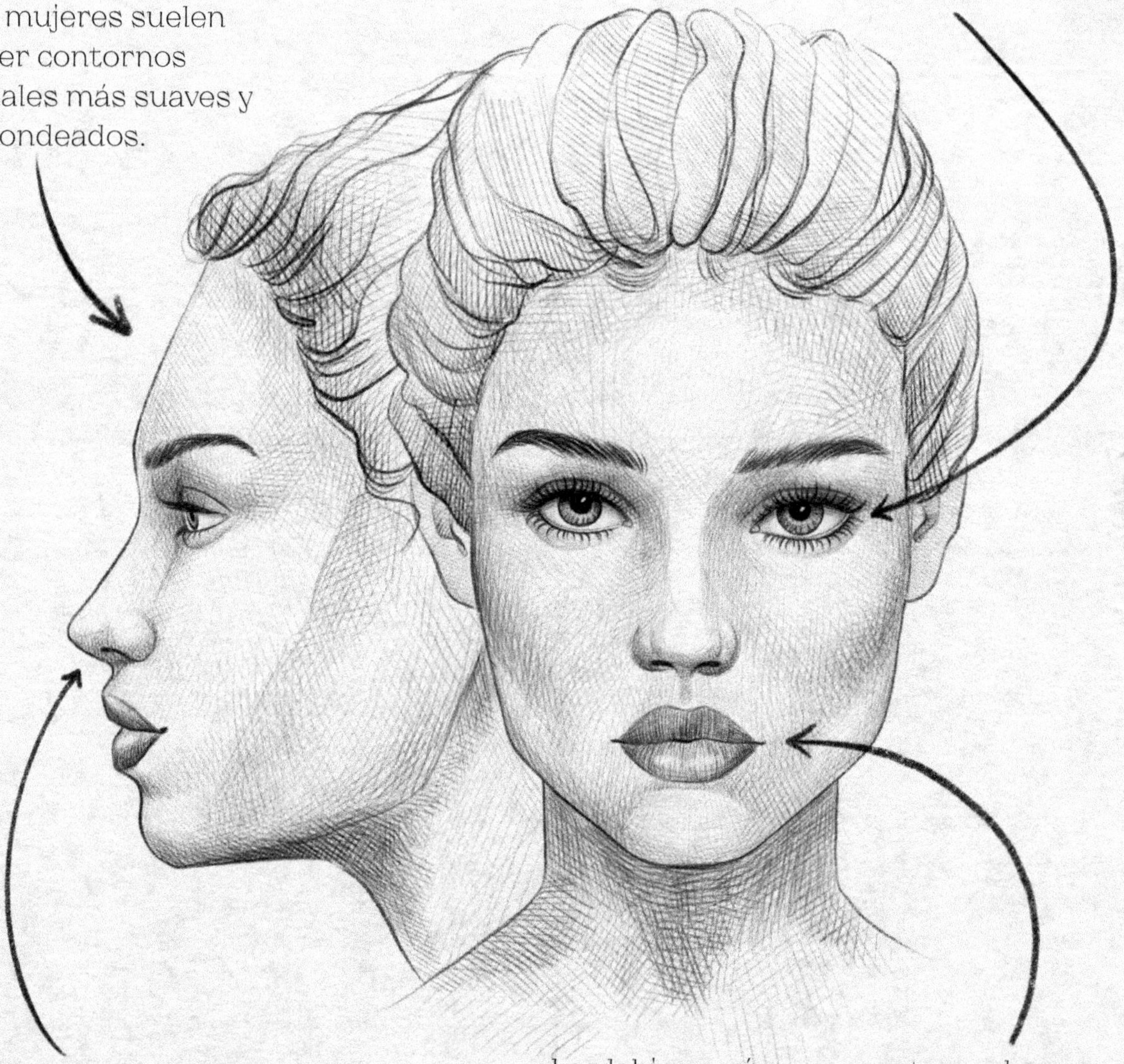

Las mujeres suelen tener contornos faciales más suaves y redondeados.

El tamaño y la forma de los ojos también varían según el sexo: las mujeres suelen tener ojos más grandes y expresivos que los hombres.

Además, las mujeres suelen tener narices más pequeñas y menos pronunciadas.

Los labios varían en cuanto a volumen y forma, y las mujeres suelen lucir unos labios más carnosos y redondeados.

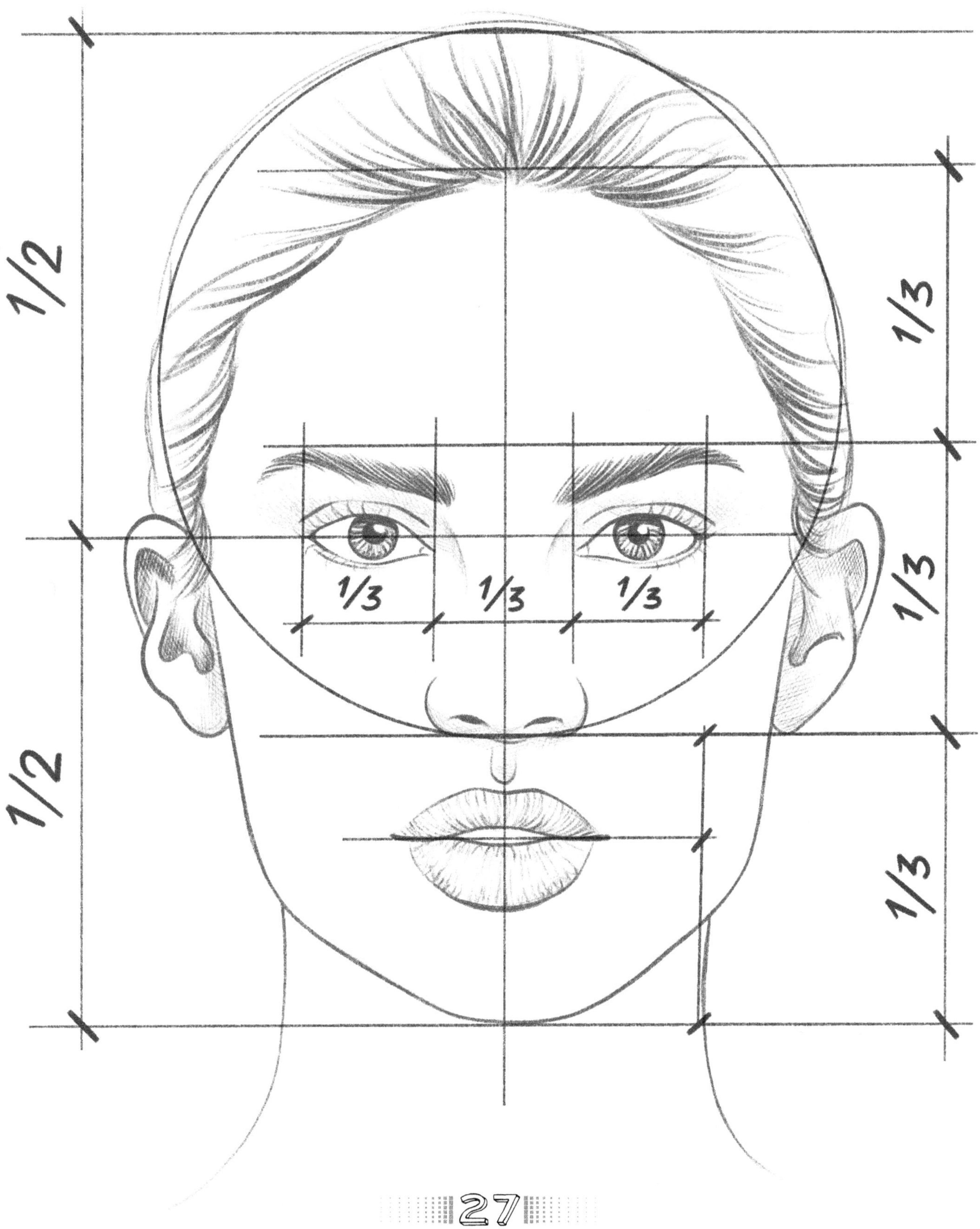

PROPORCIONES

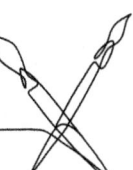

1/2 | 1/3 | 1/3 | 1/3 | 1/3 | 1/3 | 1/3 | 1/2

FRENTE

OJO:

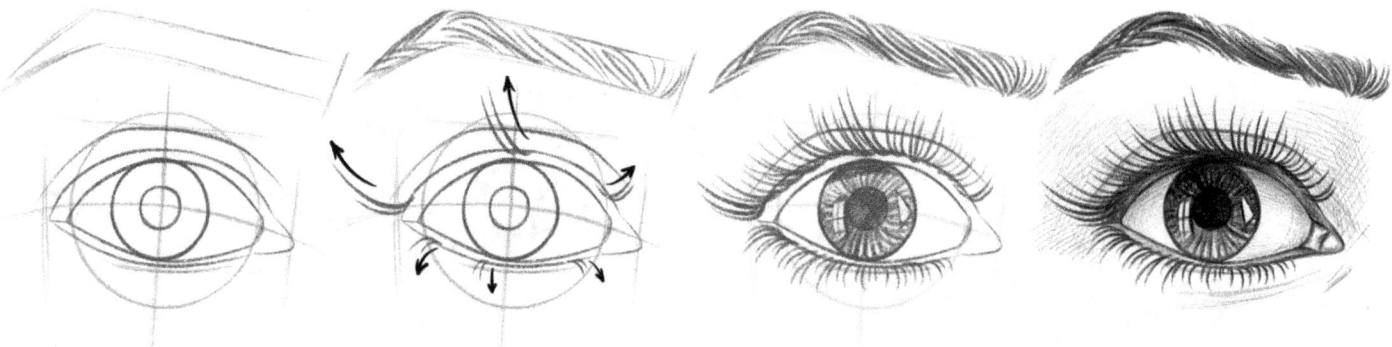

NARIZ:

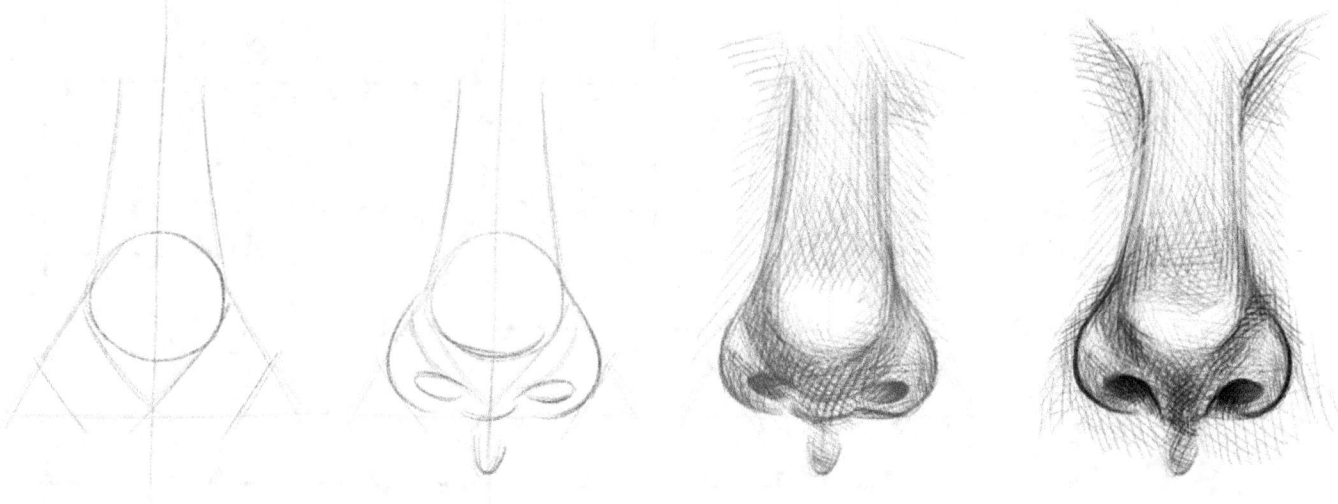

BOCA:

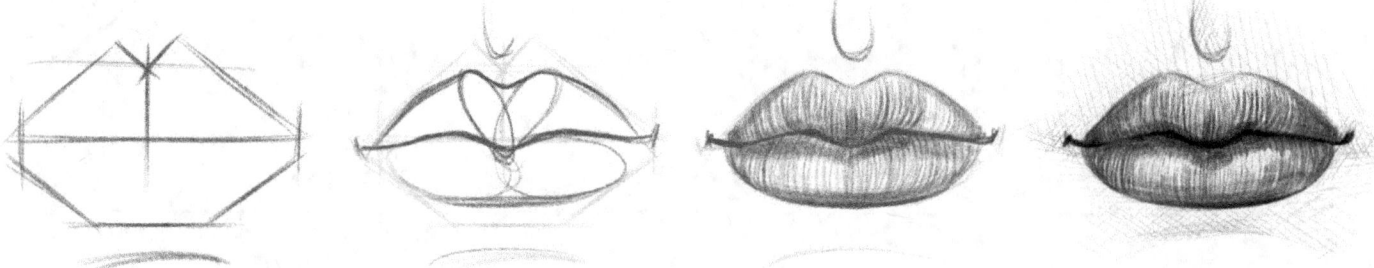

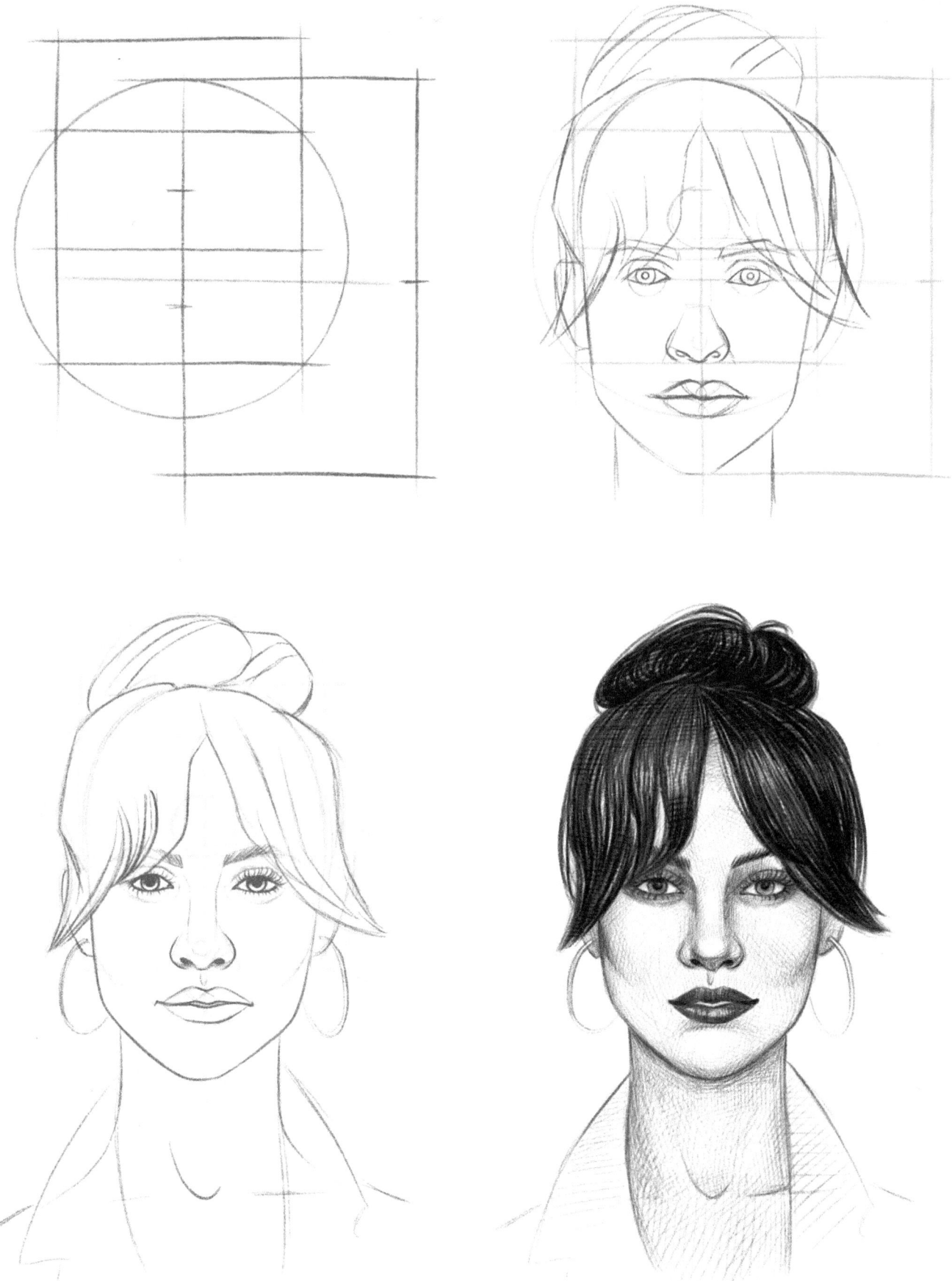

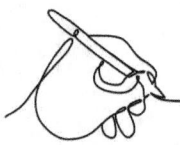 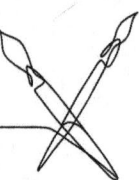

3/4

OJO:

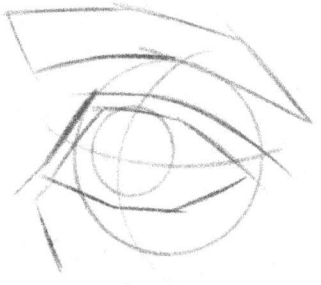 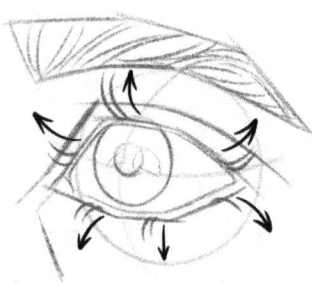 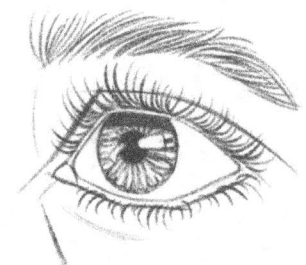 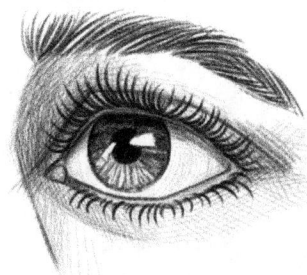

NARIZ:

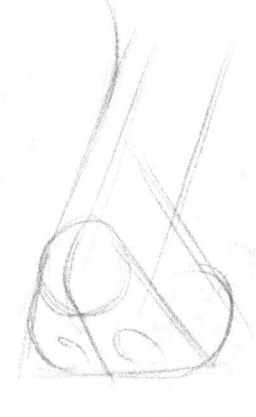 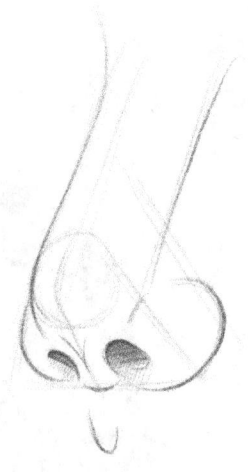 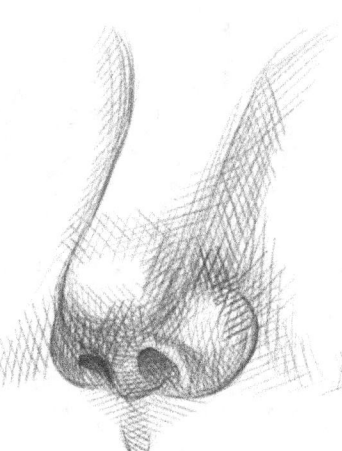 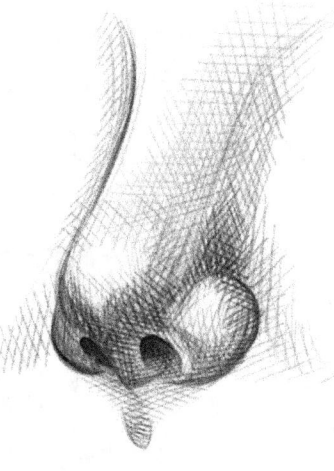

BOCA:

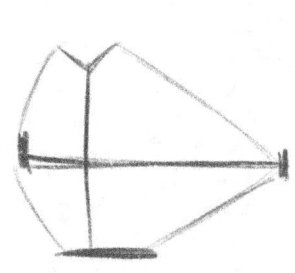 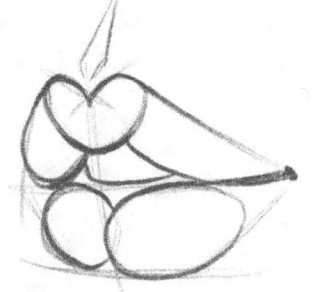 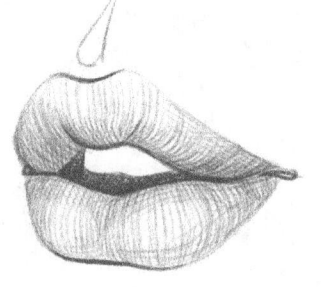 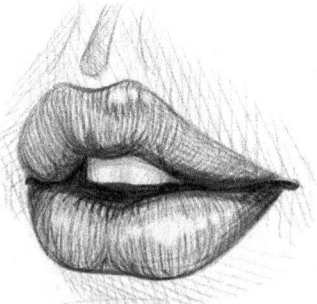

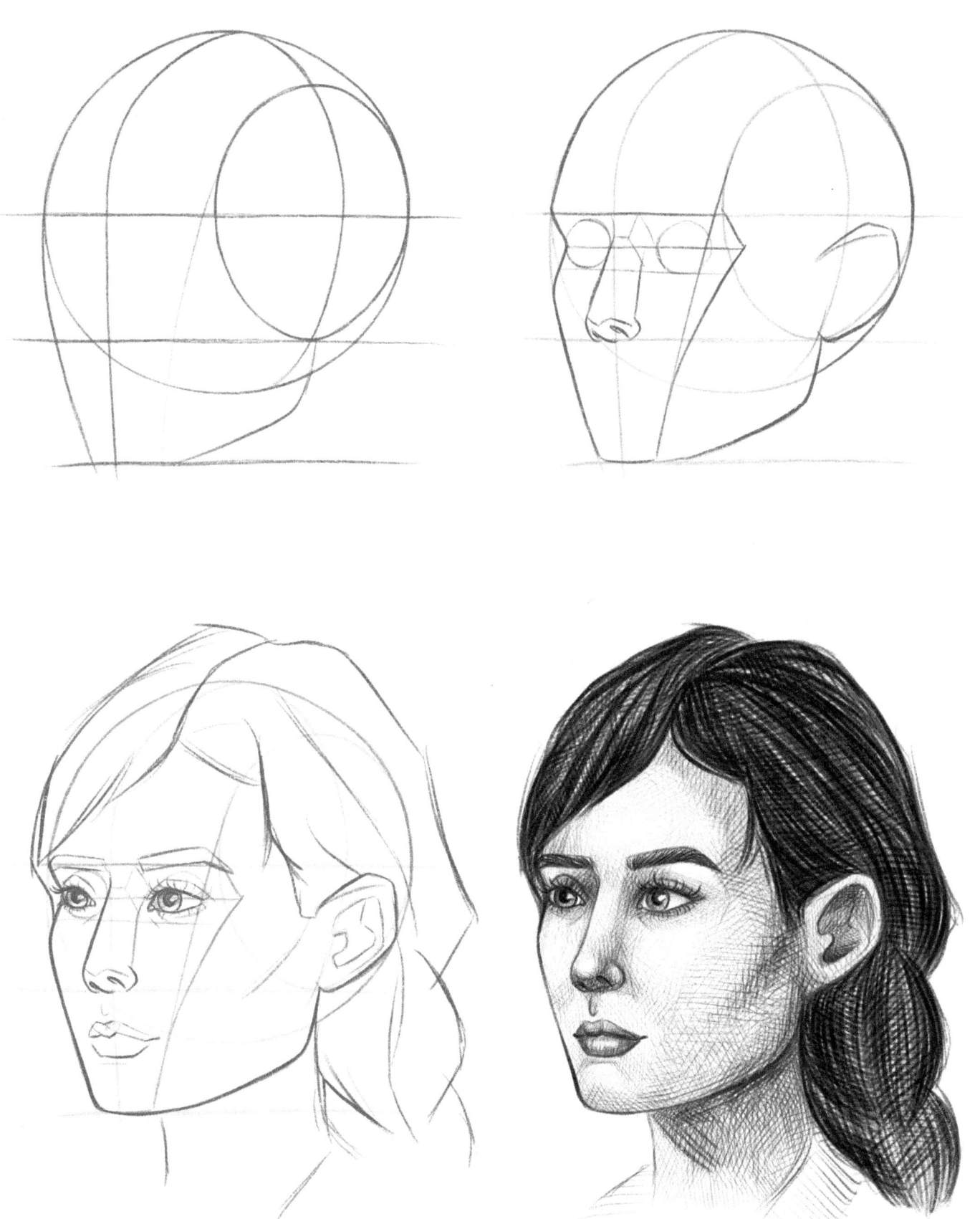

LADO

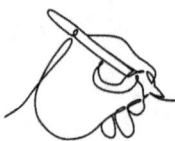 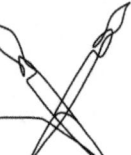

OJO:

NARIZ:

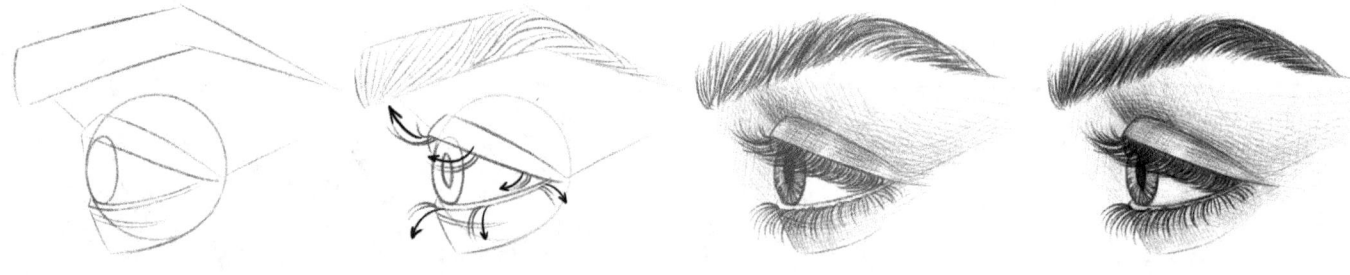
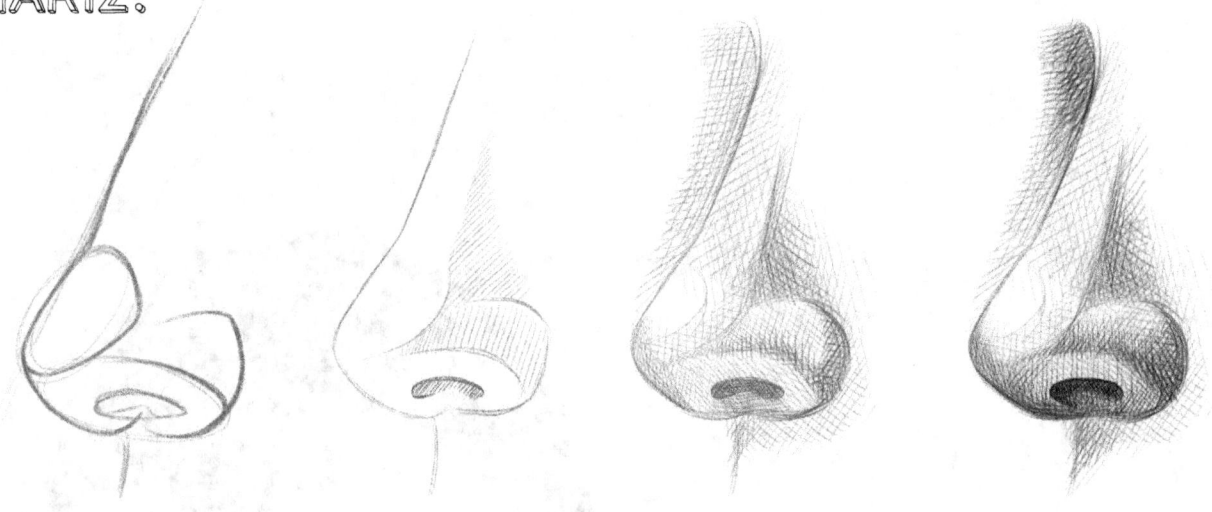

BOCA:

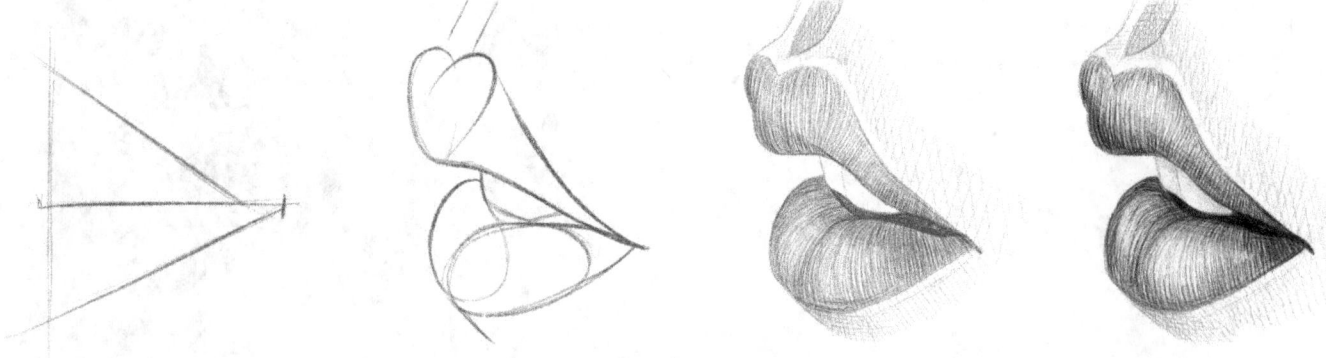

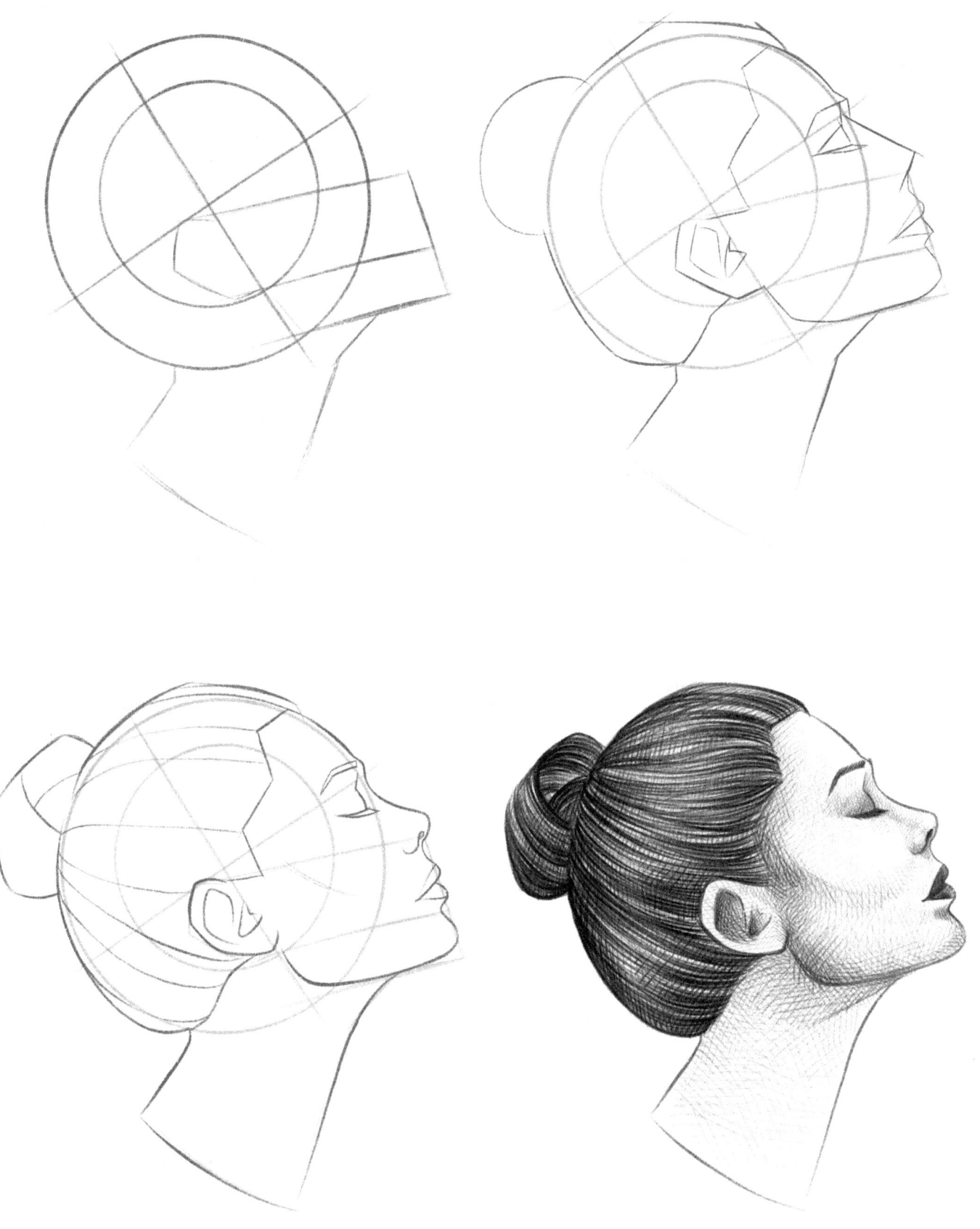

TUTORIALES ADICIONALES

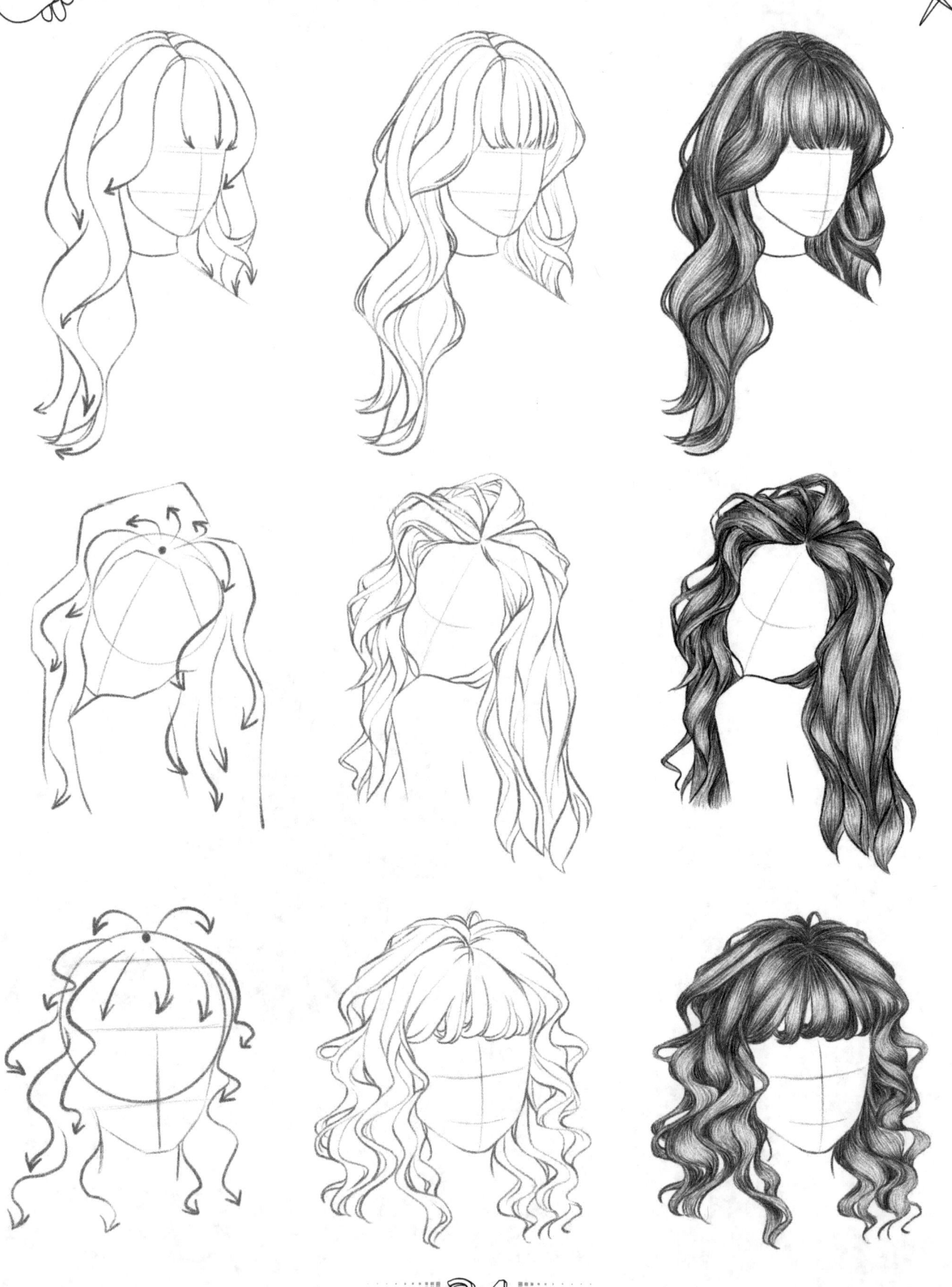

34

OTROS PEINADOS PARA TU INSPIRACIÓN

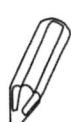

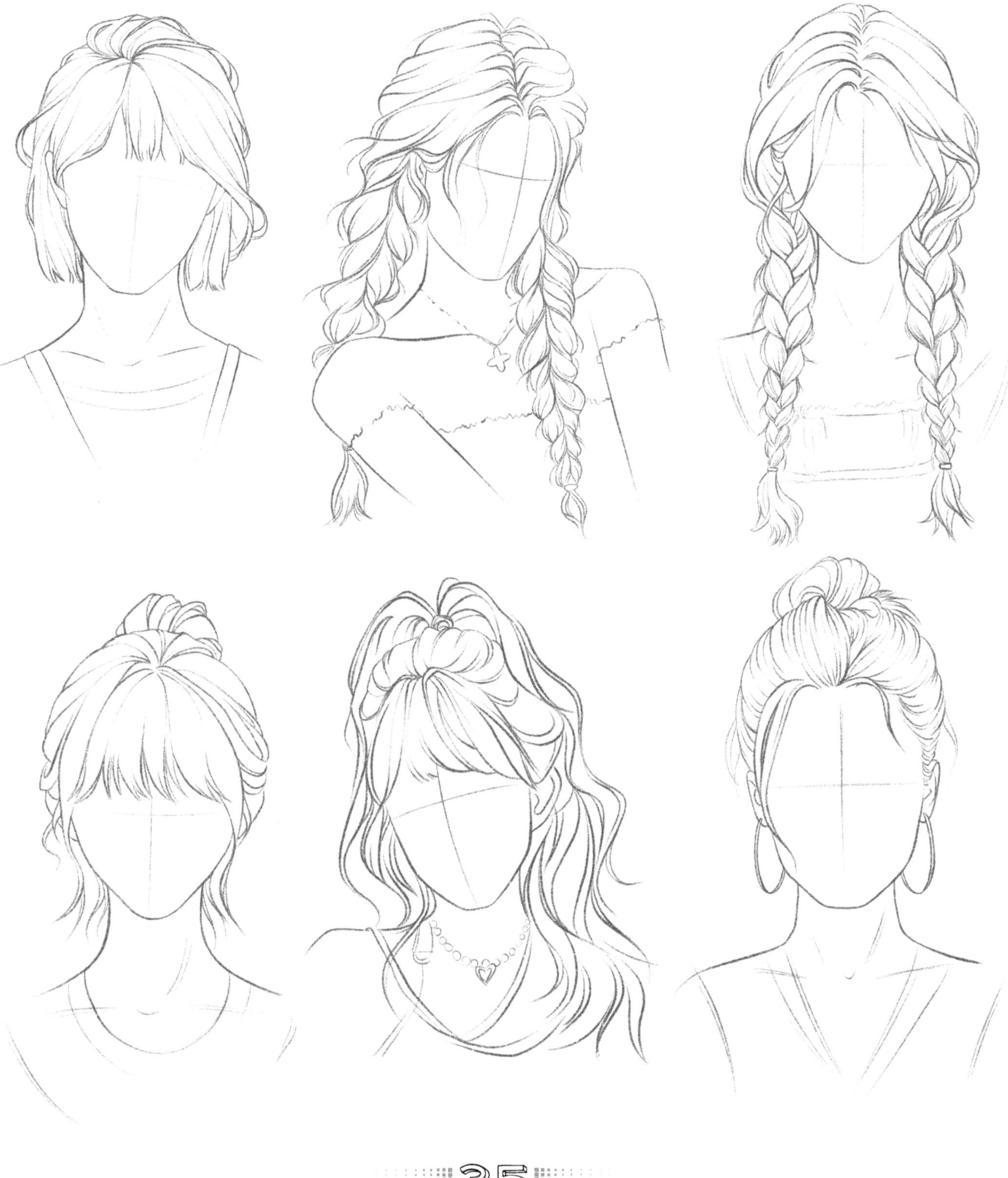

RETRATO DE HOMBRE

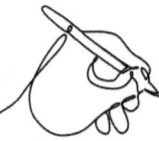
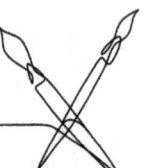

Al igual que las mujeres, cada hombre posee unos rasgos faciales únicos. Aquí profundizaremos en las características que suelen asociarse a la masculinidad y en los factores que debes tener en cuenta si buscas un aspecto más robusto.

Los ojos de los hombres pueden parecer ligeramente más pequeños y angulosos que los de las mujeres. También tienen las pestañas más cortas y menos pronunciadas que las mujeres.

Los hombres suelen tener rasgos más afilados y angulosos.

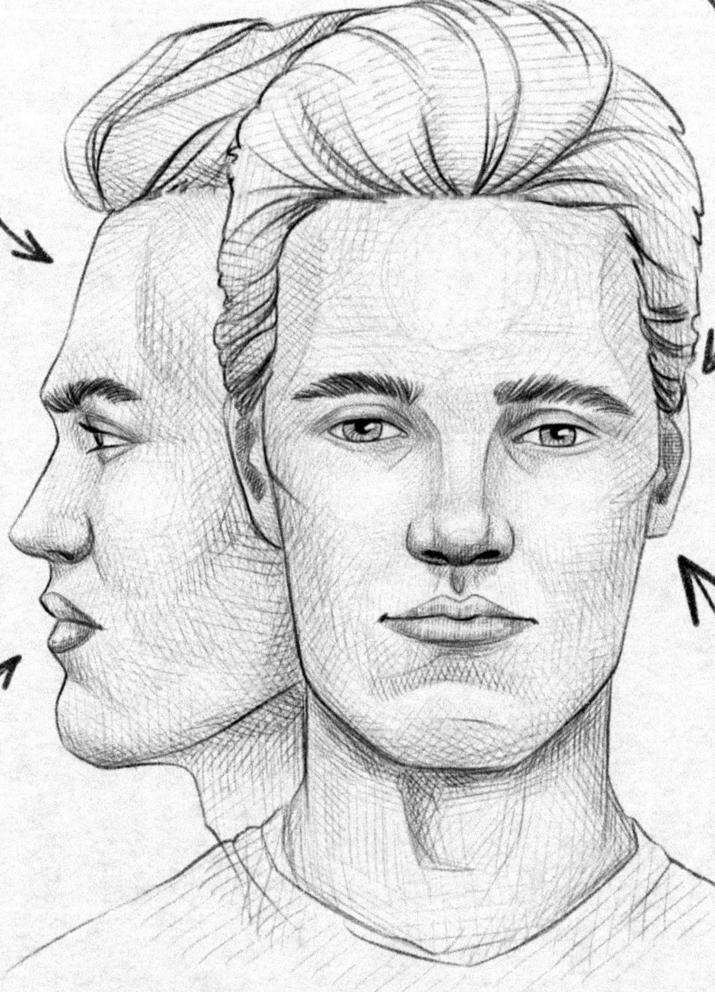

La estructura de la nariz también difiere, ya que los hombres suelen tener narices más prominentes caracterizadas por orificios nasales más grandes.

Los hombres también pueden tener labios más definidos y angulosos.

Otro contraste notable radica en las cejas, donde los hombres suelen tener formas más gruesas, rectas y planas, con menos arco, en comparación con las cejas femeninas.

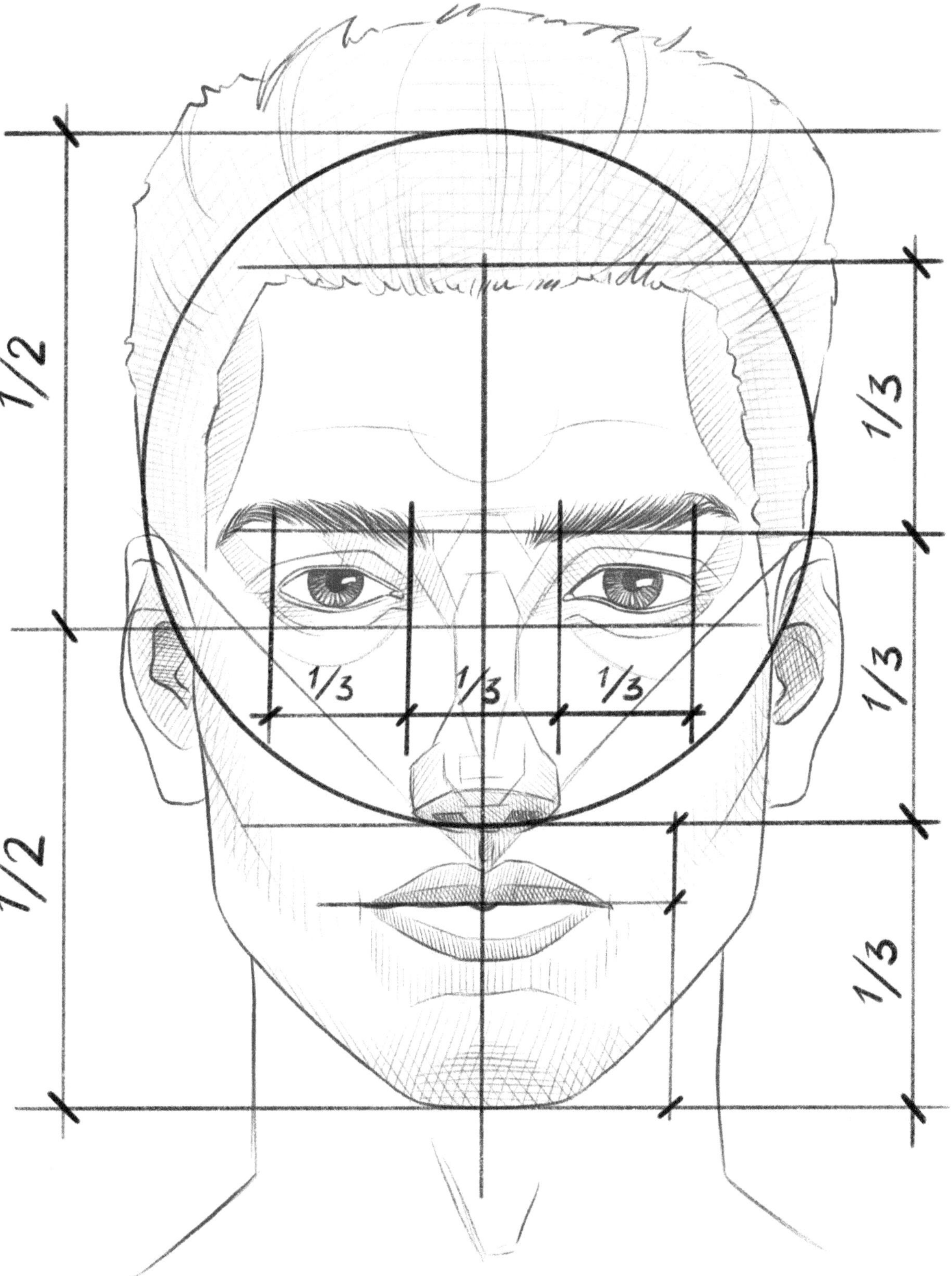

PROPORCIONES

FRENTE

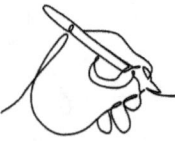 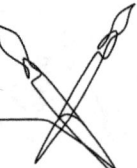

OJO:

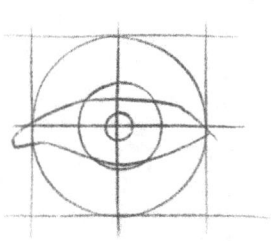 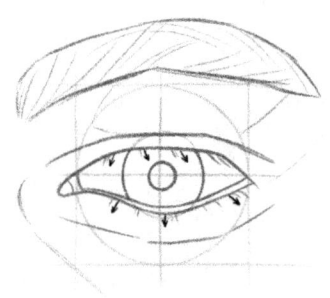 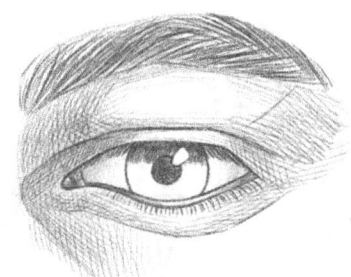 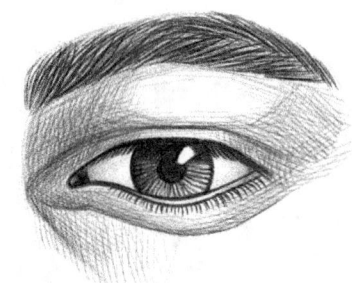

NARIZ:

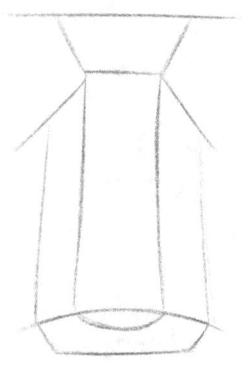 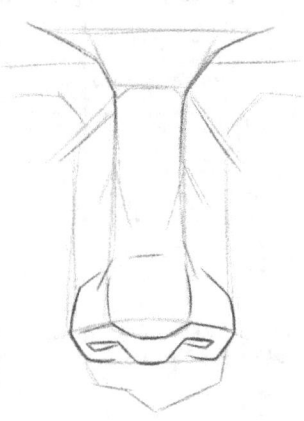 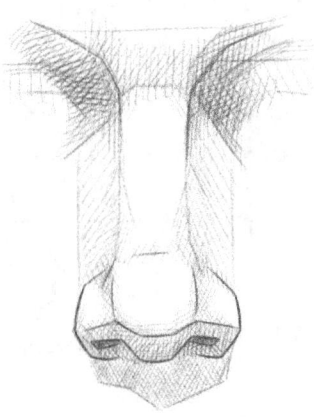 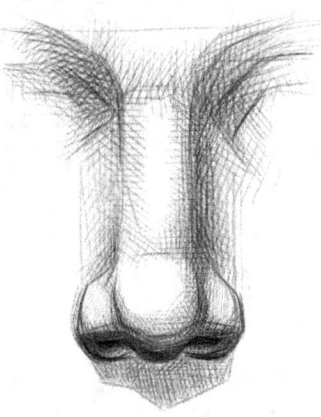

BOCA:

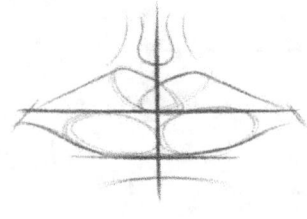 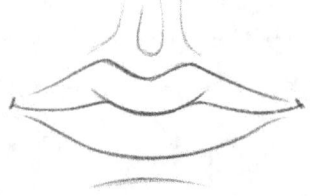 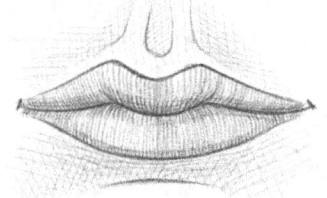 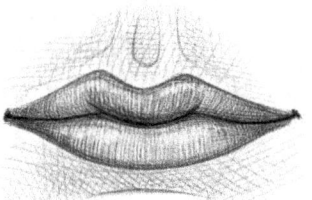

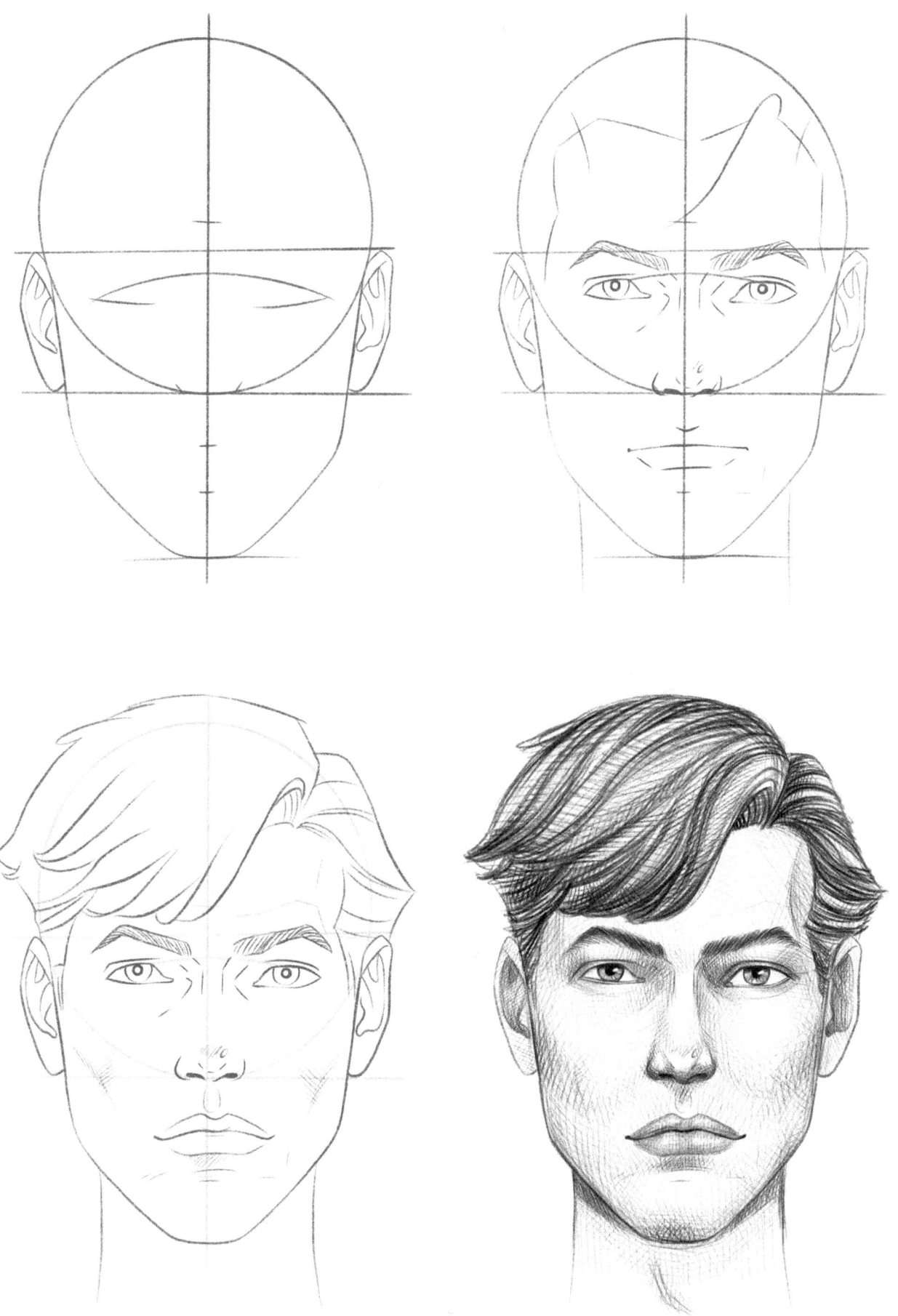

3/4

OJO:

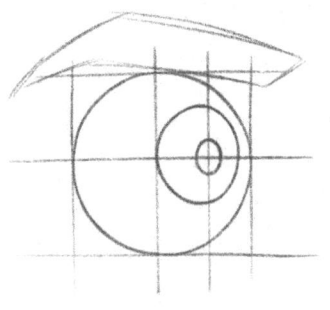 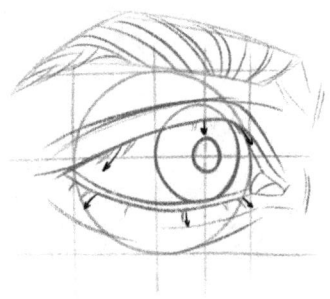 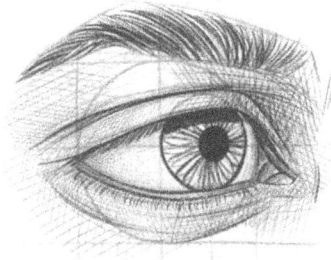 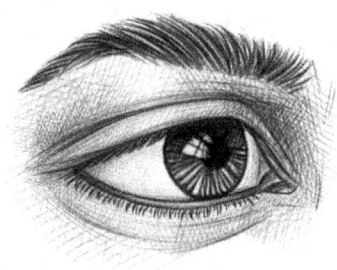

NARIZ:

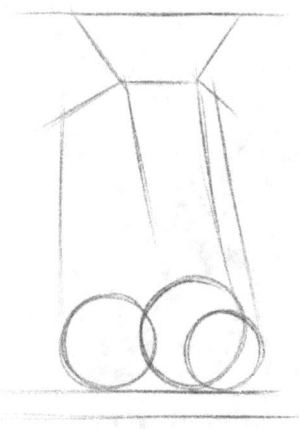 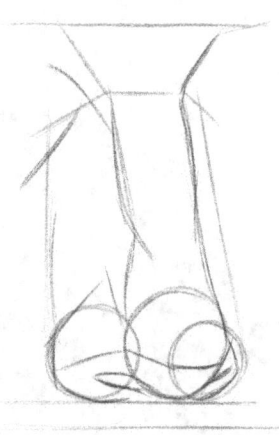 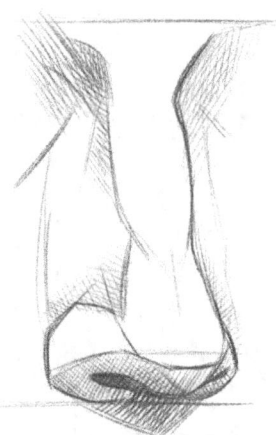 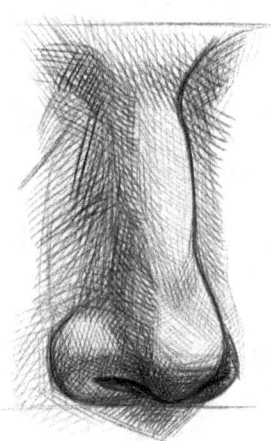

BOCA:

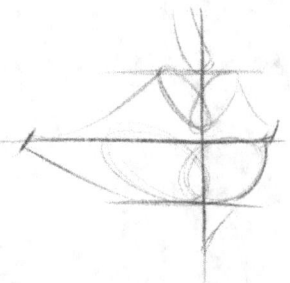 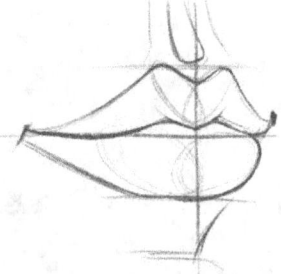 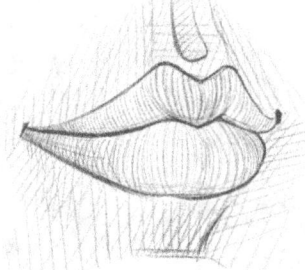 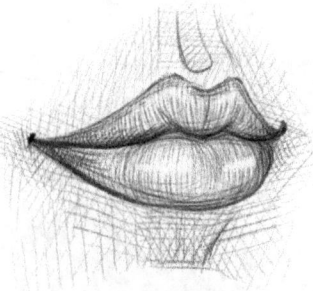

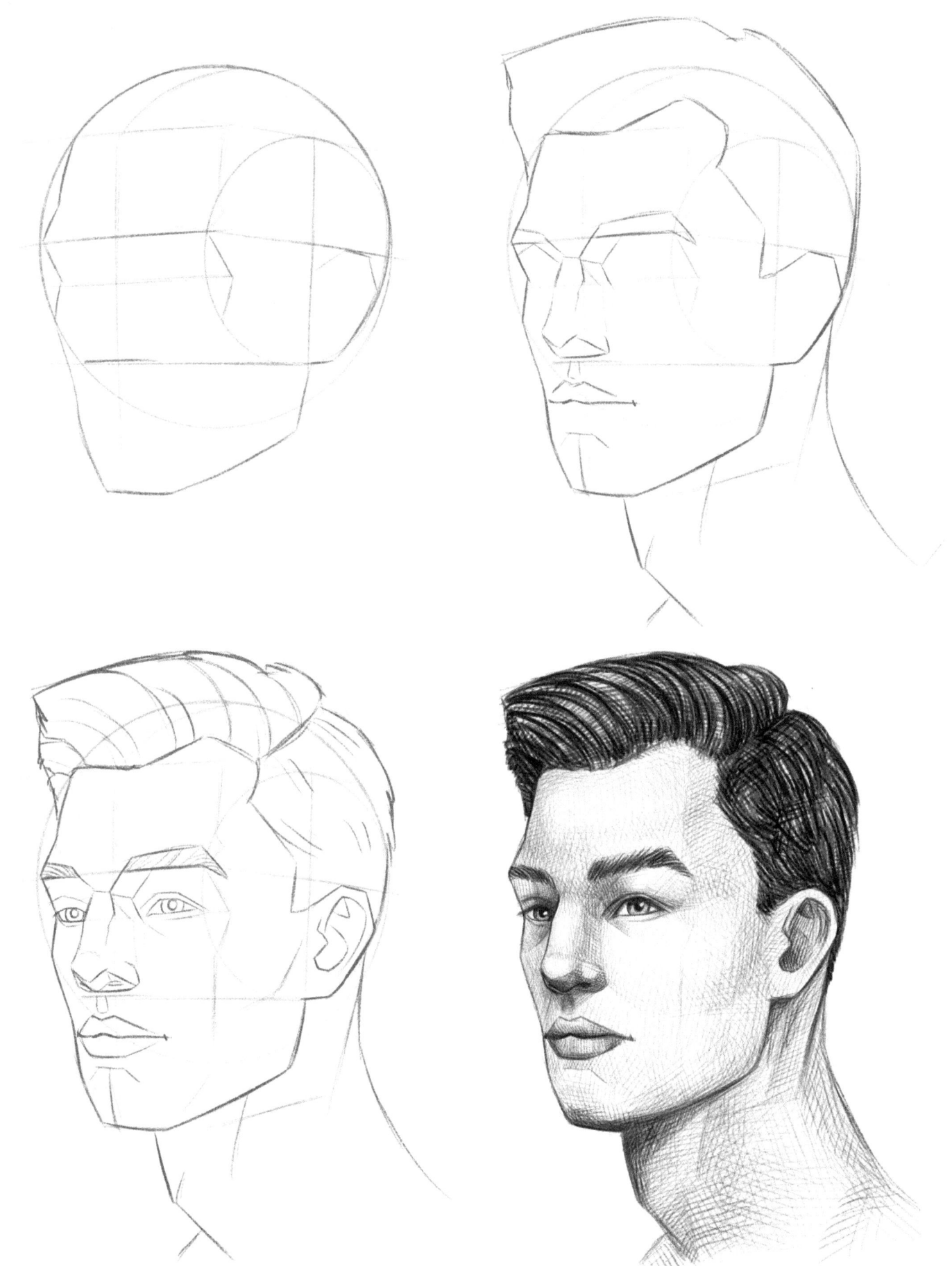

LADO

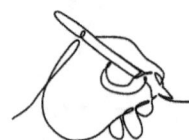
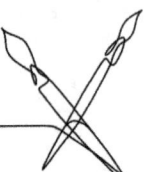

OJO:

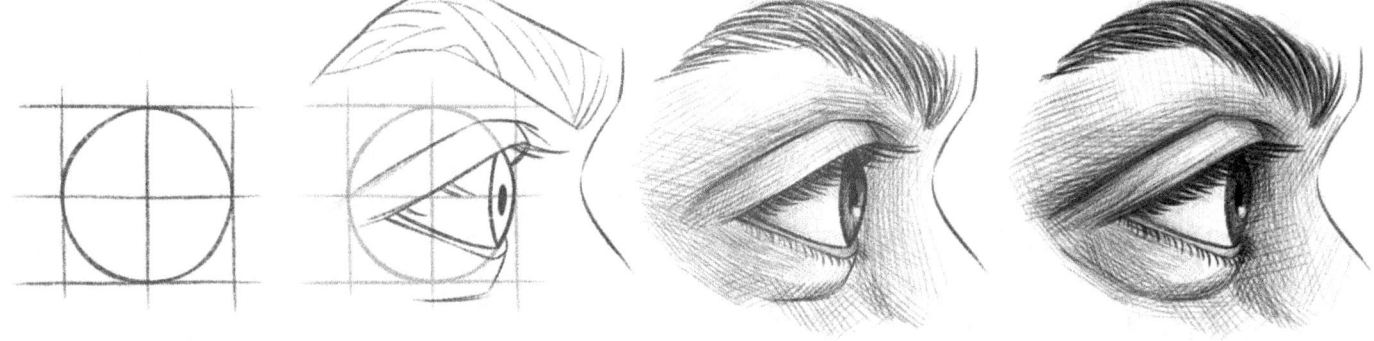

NARIZ:

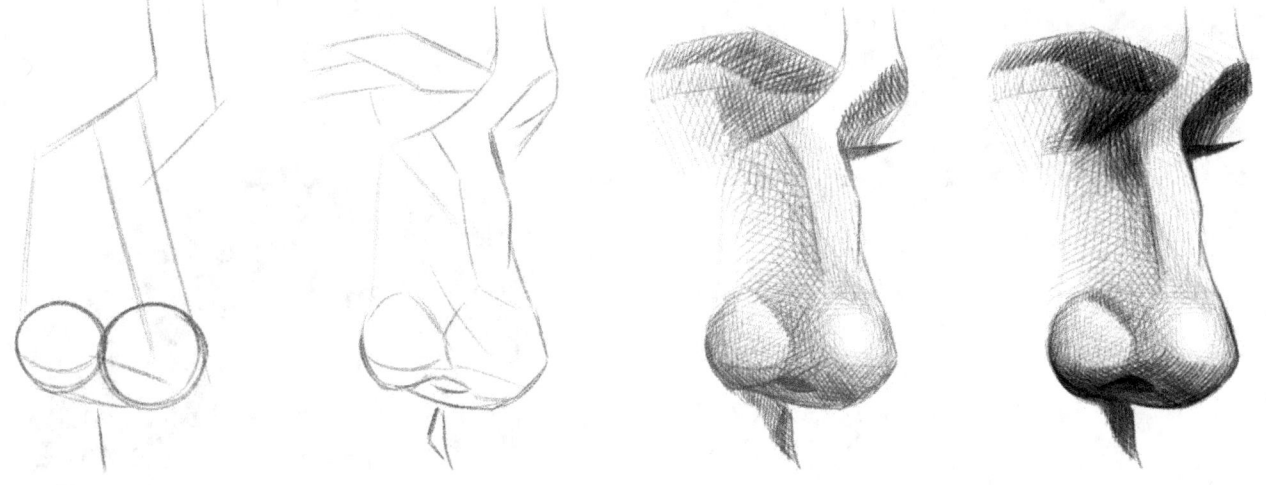

BOCA:

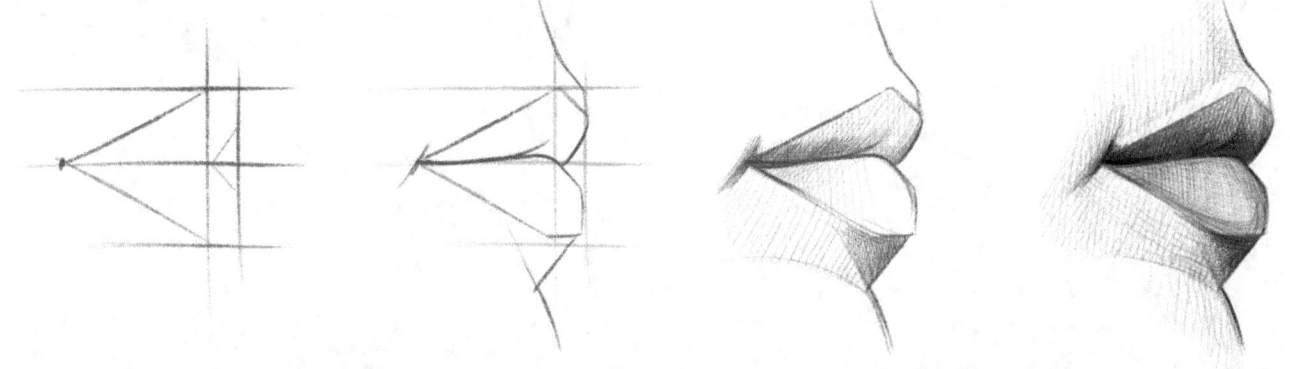

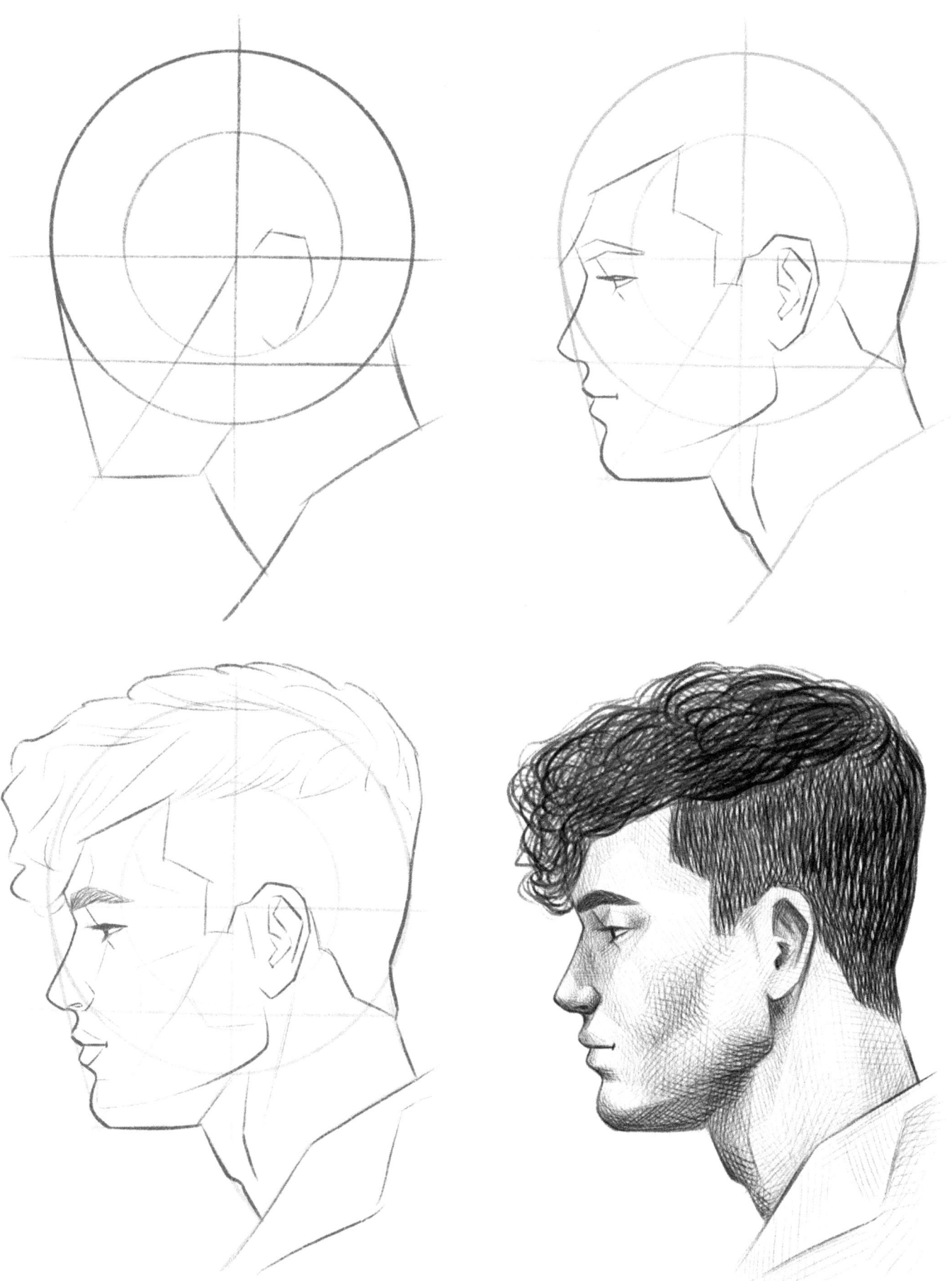

TUTORIALES ADICIONALES

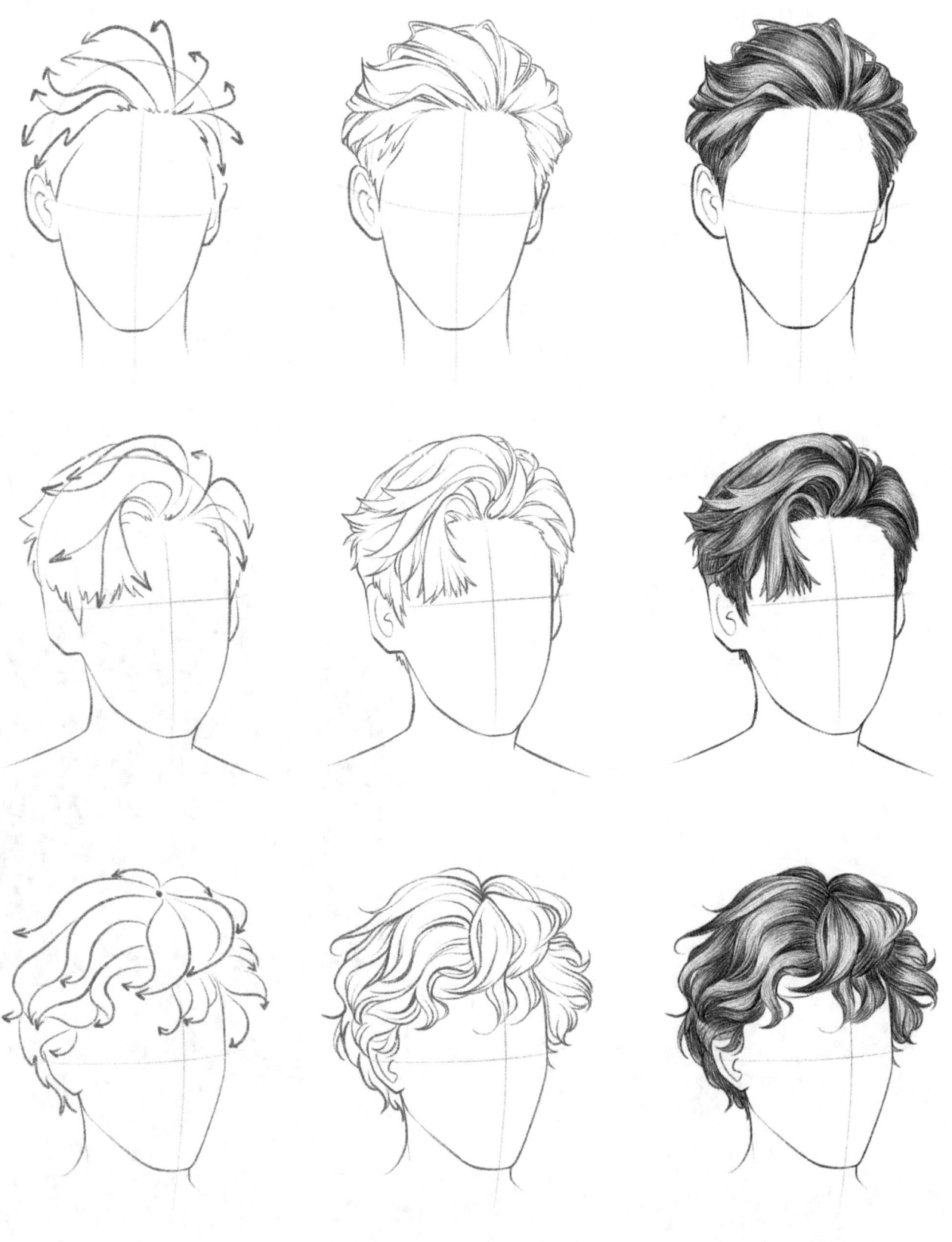

OTROS PEINADOS PARA TU INSPIRACIÓN

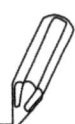

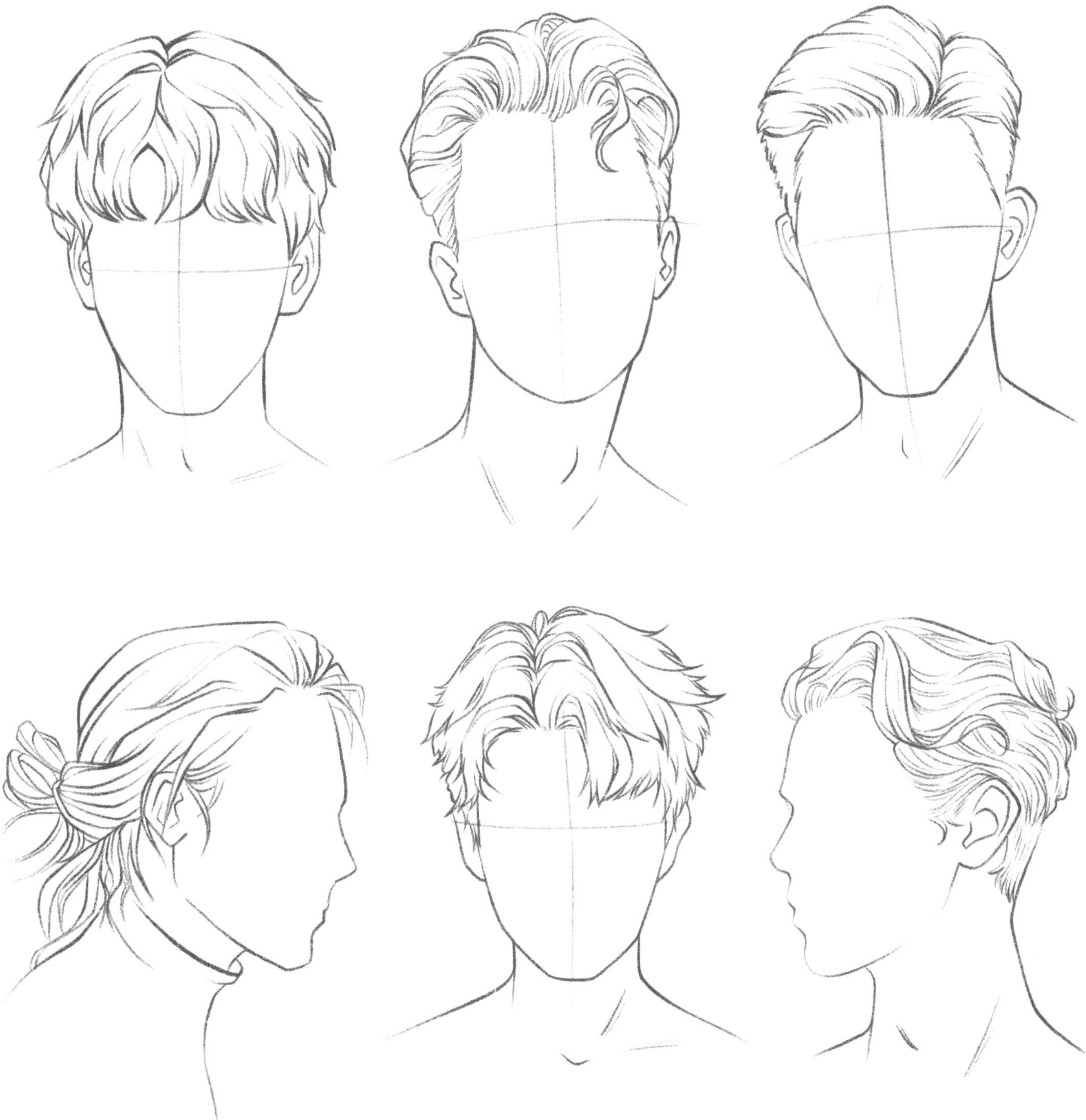

TRANSMITIR EMOCIONES

A la hora de dibujar retratos, para transmitir emociones con eficacia hay que comprender cómo los distintos rasgos y expresiones faciales contribuyen a generar sentimientos diferentes.

CONSEJO:

Al dibujar retratos, presta atención a los matices sutiles de las expresiones faciales y el lenguaje corporal para captar con precisión la emoción deseada. Experimenta con distintas técnicas, como la variación del grosor de las líneas, el sombreado y las paletas de colores, para evocar sentimientos concretos y crear retratos con resonancia emocional.

He aquí algunas características clave de las emociones más comunes y técnicas para representarlas:

FELICIDAD/ALEGRÍA: Una sonrisa con las mejillas levantadas y arrugas alrededor de los ojos (patas de gallo) indica auténtica felicidad. Los ojos pueden entrecerrarse ligeramente y las cejas levantarse. Utiliza colores brillantes y cálidos y líneas suaves y redondeadas para transmitir una sensación de calidez y positividad.

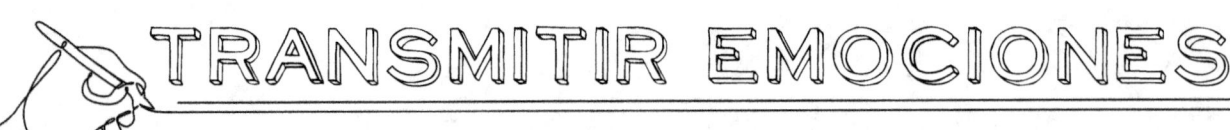

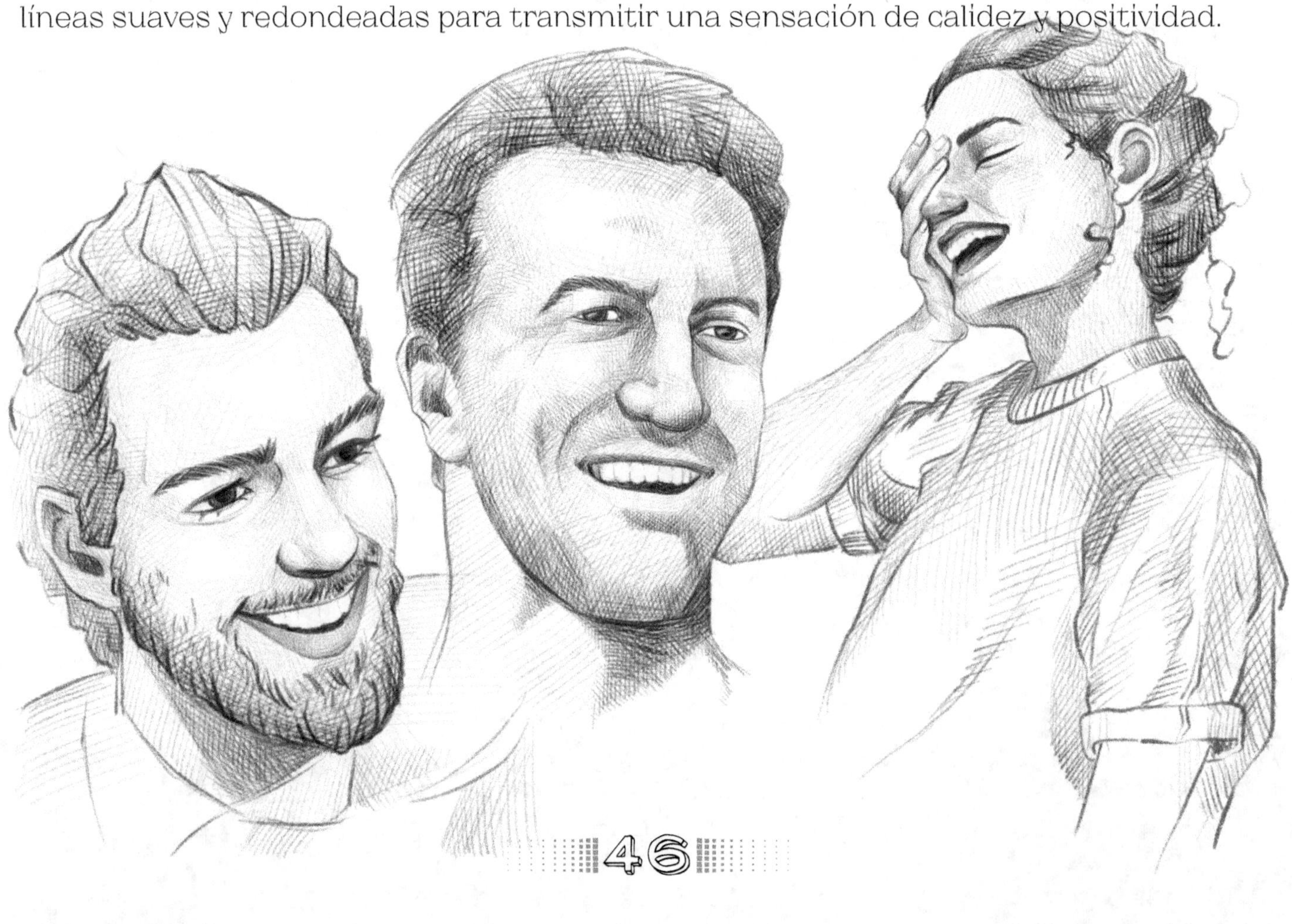

TRISTEZA: Las comisuras de los labios caídas, las cejas hacia abajo y los párpados caídos transmiten tristeza. Los colores más oscuros y apagados y los ángulos descendentes en la composición pueden aumentar la sensación de melancolía.

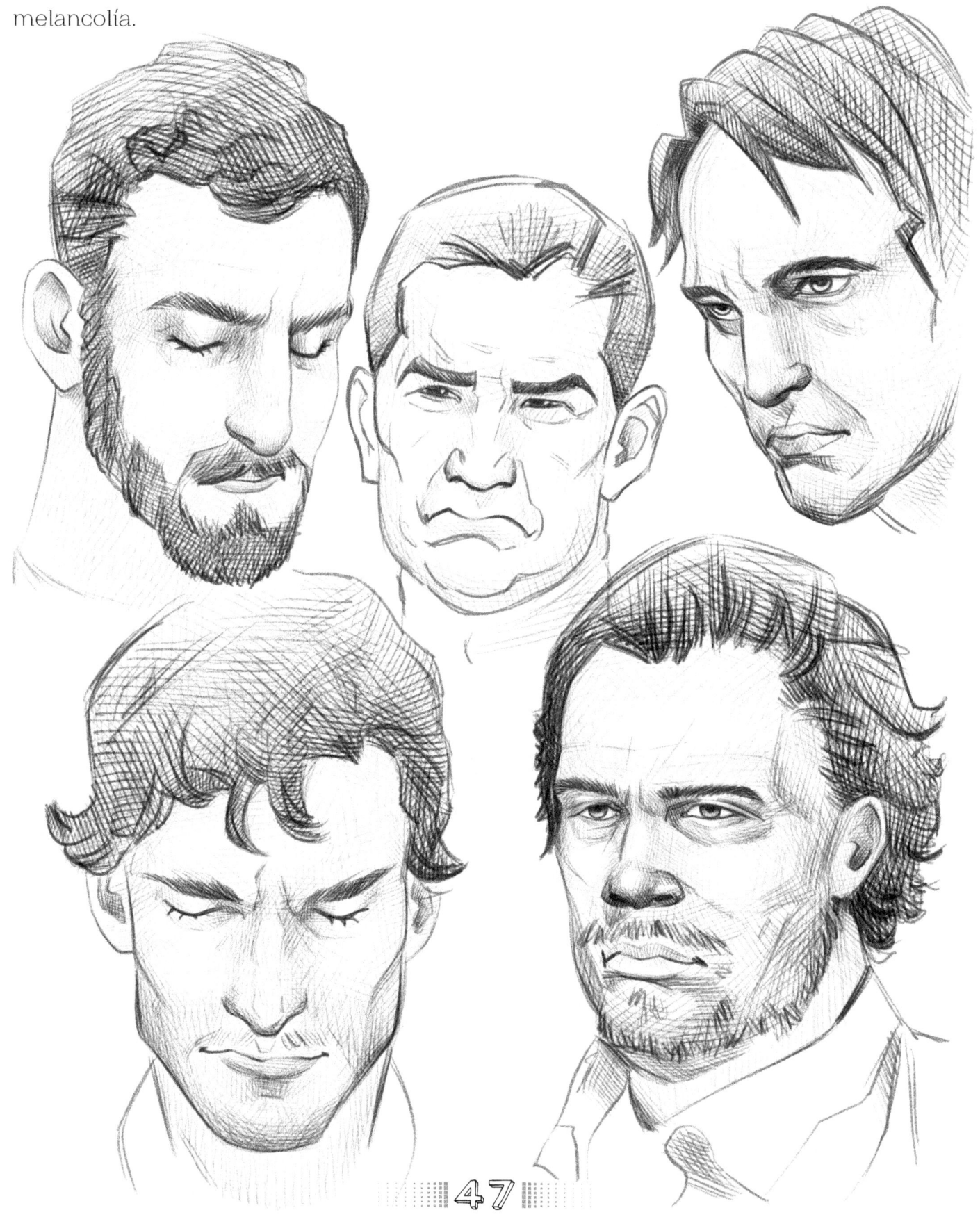

ENFADO: Las cejas fruncidas, los ojos entrecerrados y la mandíbula apretada son señales de ira. Las líneas afiladas y angulosas y los colores vivos e intensos reflejan la intensidad de esta emoción. Exagerar estos rasgos puede amplificar la sensación de agresividad.

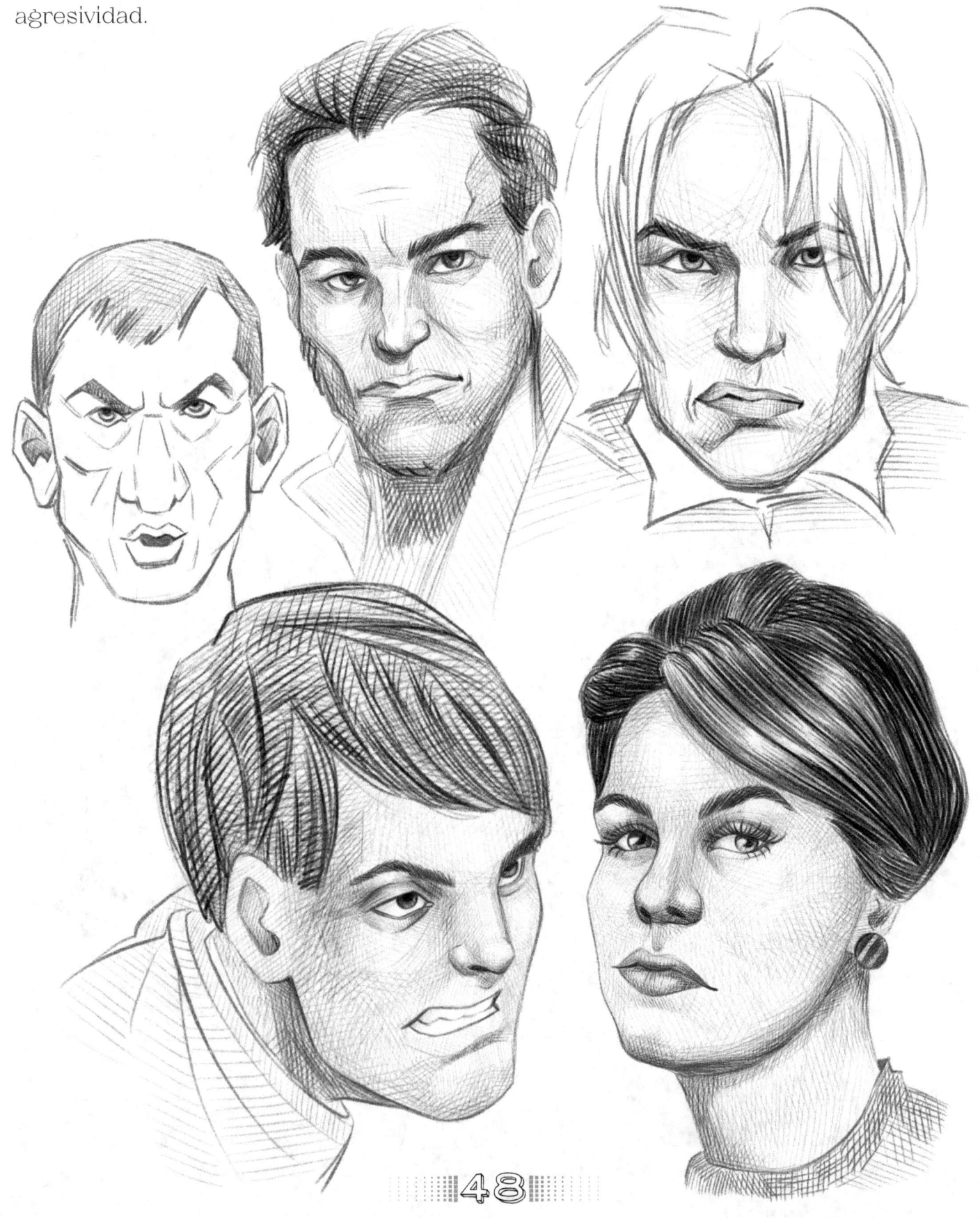

SORPRESA: Los ojos muy abiertos, las cejas levantadas y la boca abierta significan sorpresa. Utilice colores contrastados y líneas dinámicas y diagonales para crear una sensación de brusquedad y asombro.

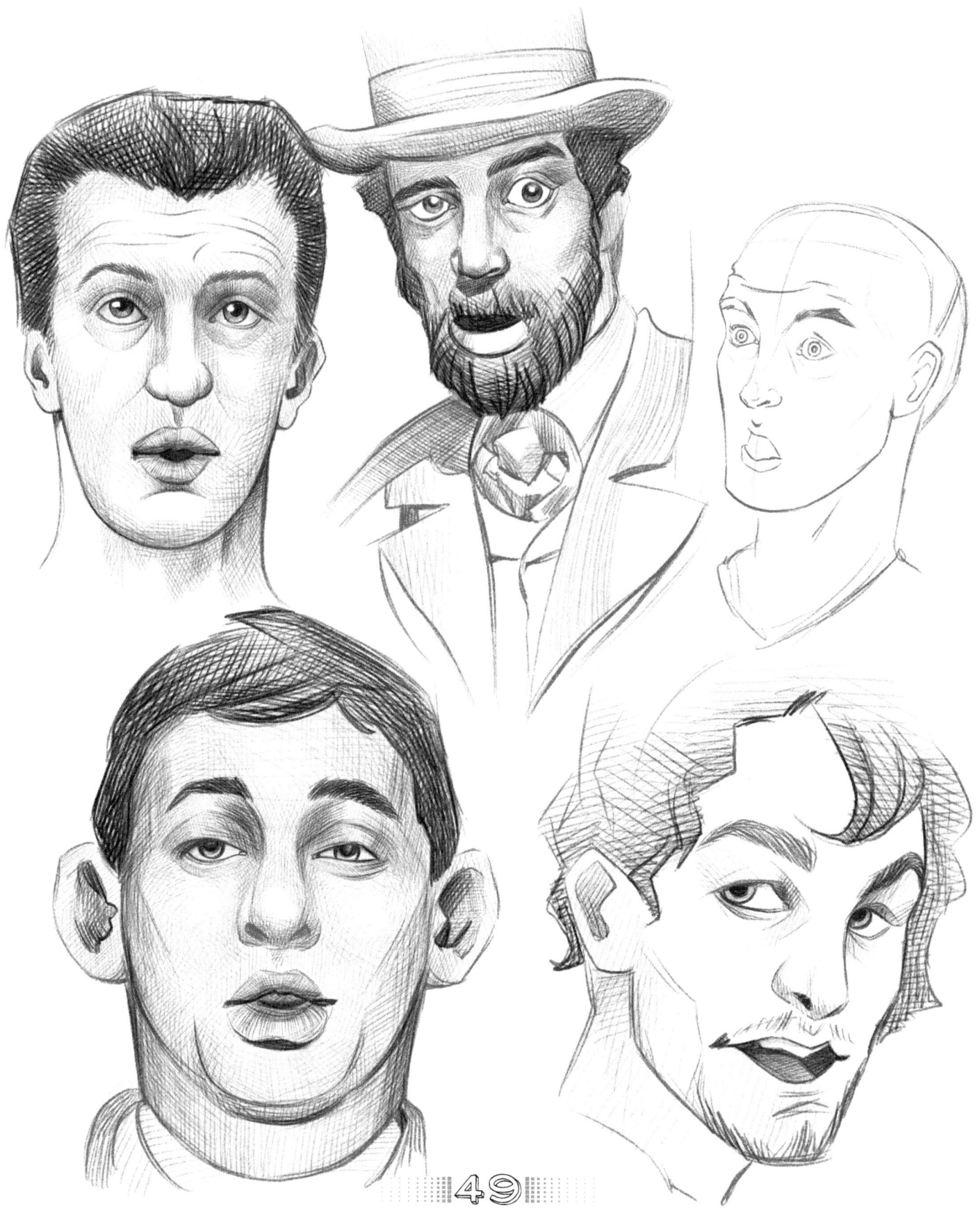

MIEDO: Los ojos entreabiertos con el blanco visible, las cejas levantadas y la boca ligeramente abierta transmiten miedo. Los colores fríos y apagados y las líneas temblorosas e irregulares pueden aumentar la sensación de inquietud y vulnerabilidad.

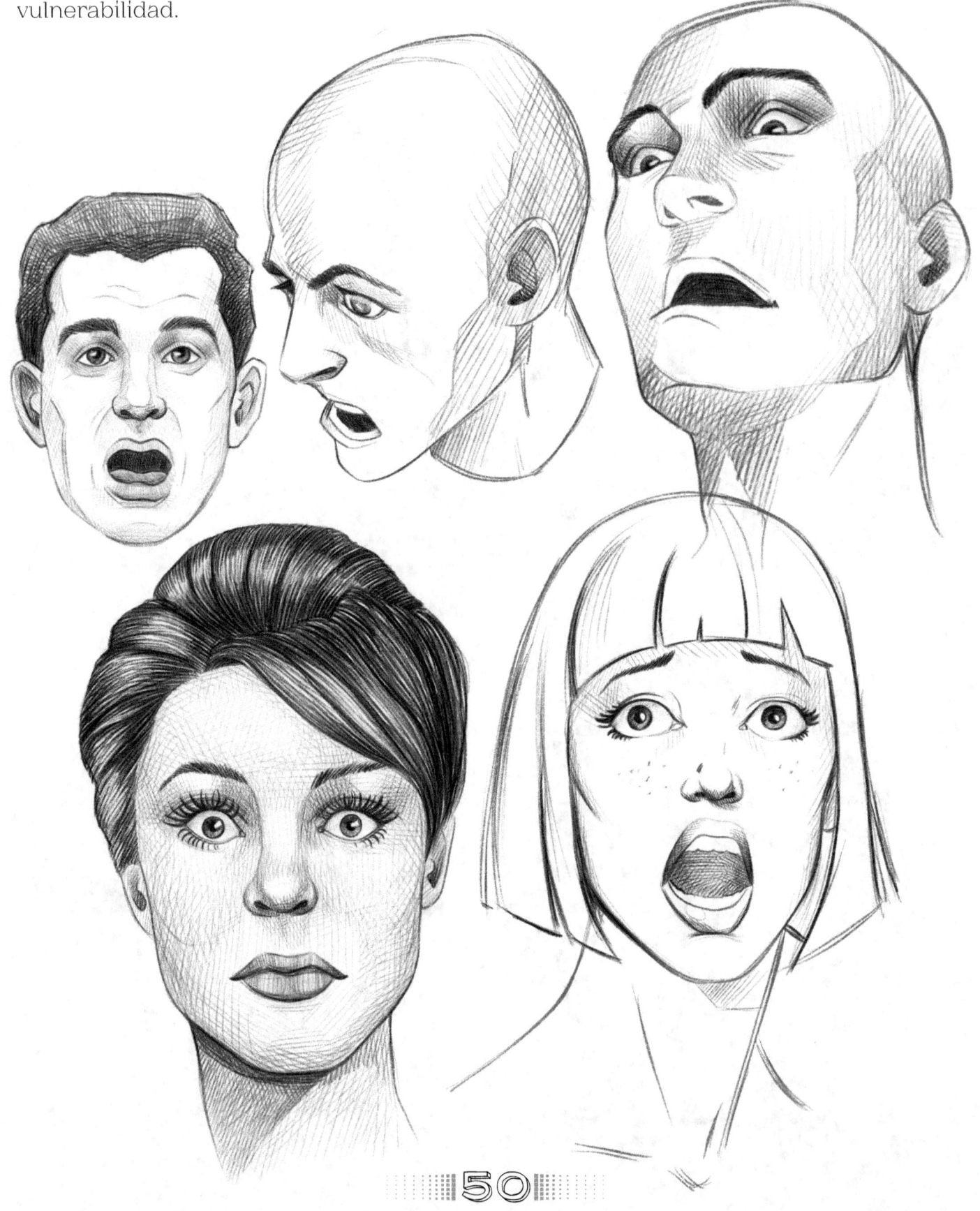

CONFIANZA: Una postura relajada, la barbilla levantada y la mirada fija indican confianza. Utiliza líneas fuertes y colores vivos para transmitir una sensación de seguridad en ti mismo y de poder.

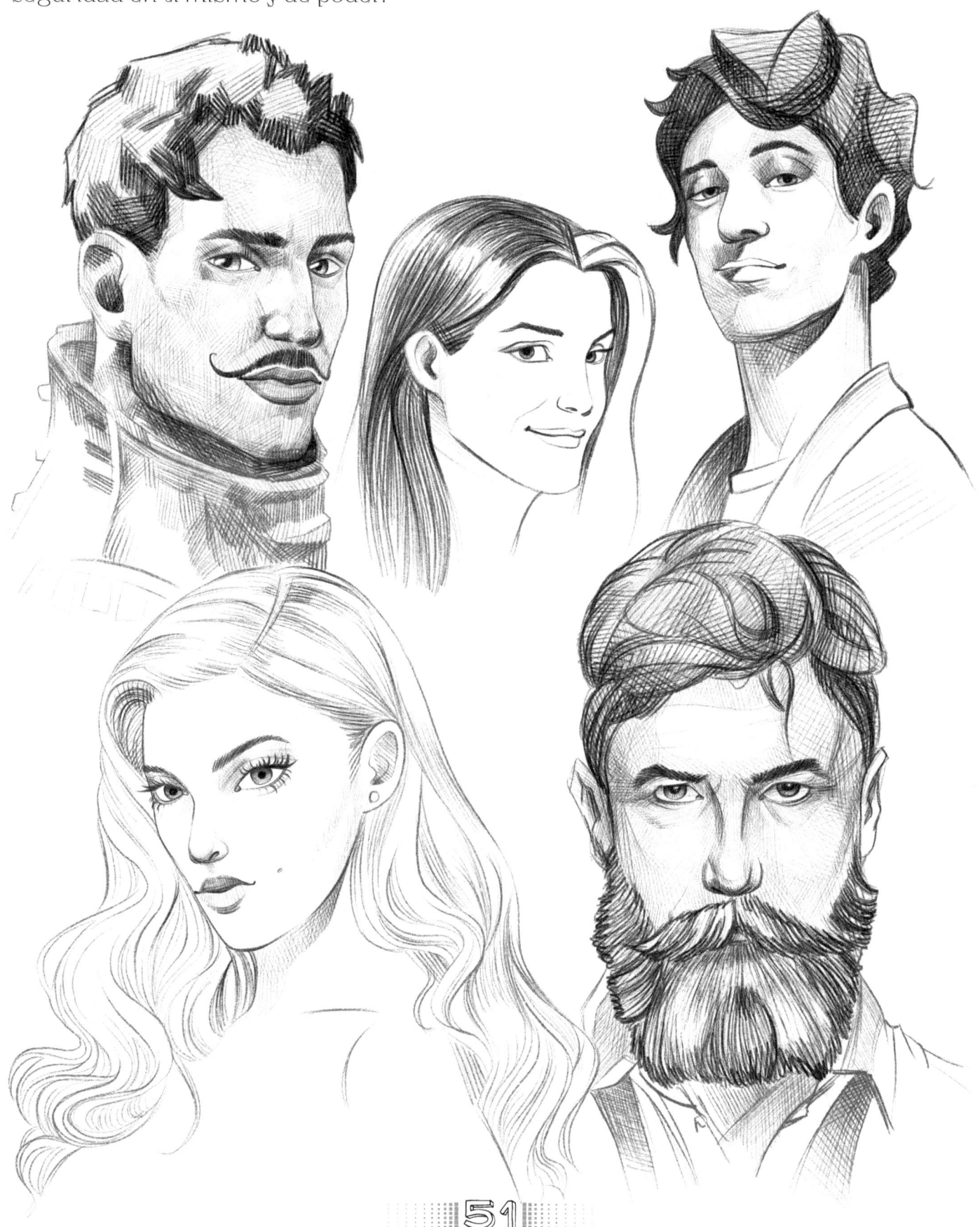

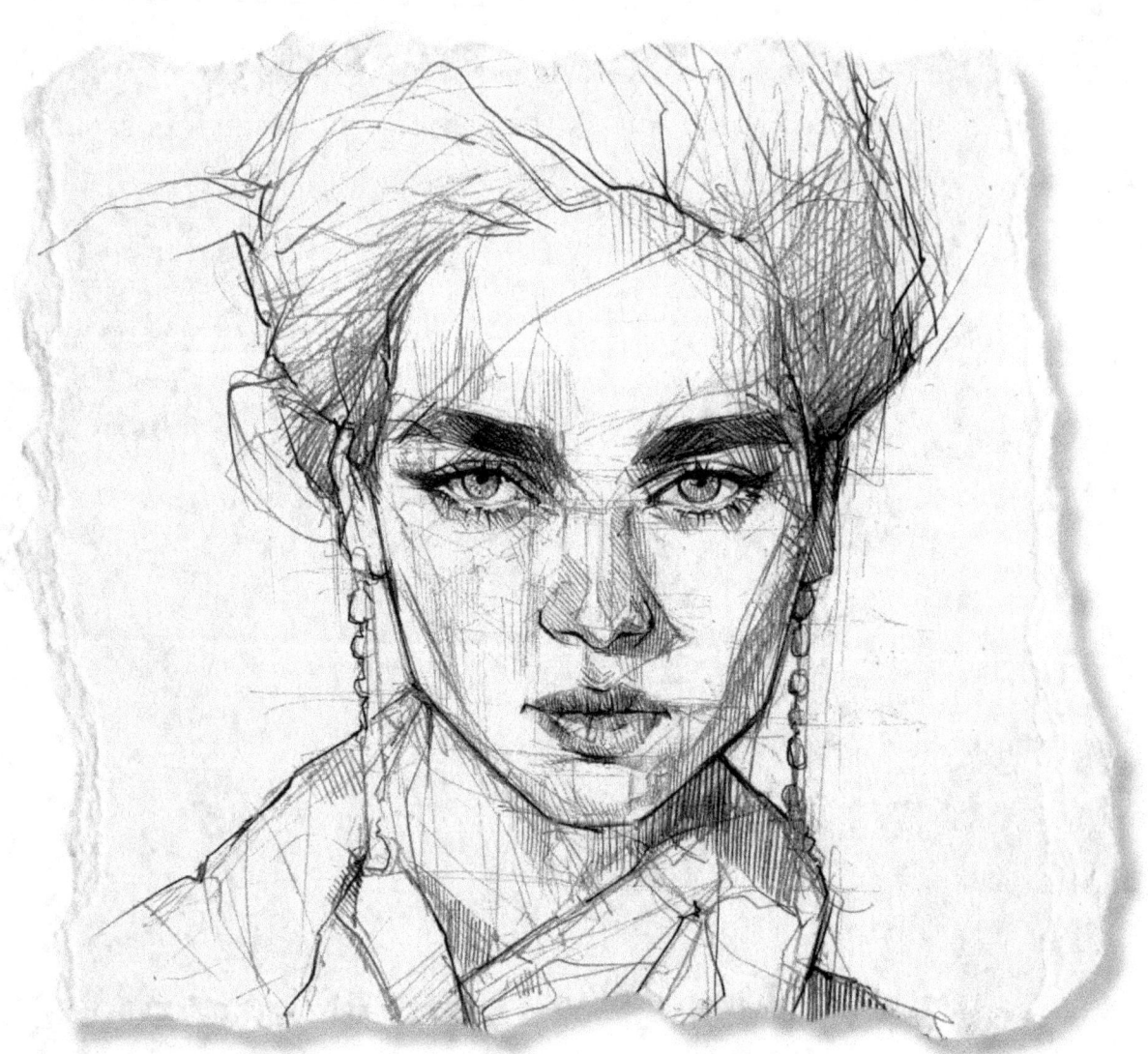

PRÁCTICA

Estamos encantados de verte adentrarte en el mundo del dibujo con entusiasmo. Partiendo de formas sencillas, has aprendido a dar dimensión, crear composiciones y retratar temas diversos. Esperamos que sigas explorando nuestros tutoriales y que te esperen sesiones de práctica aún más emocionantes. Puede que al final de este viaje dibujes sin esfuerzo a las personas que te rodean o los personajes que te gustan.

Avancemos por este camino creativo y elevemos nuestras habilidades de dibujo a nuevas cotas.

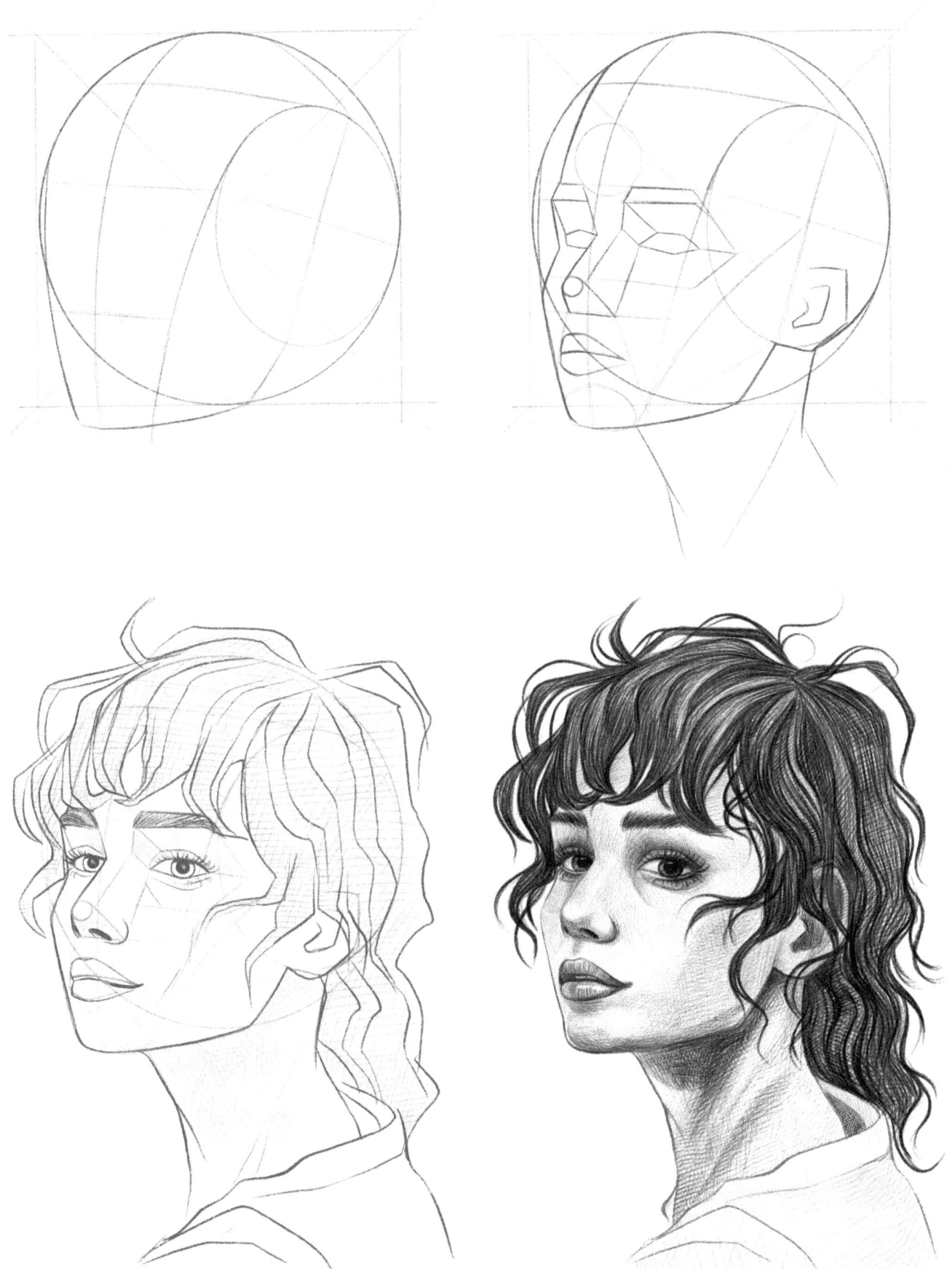

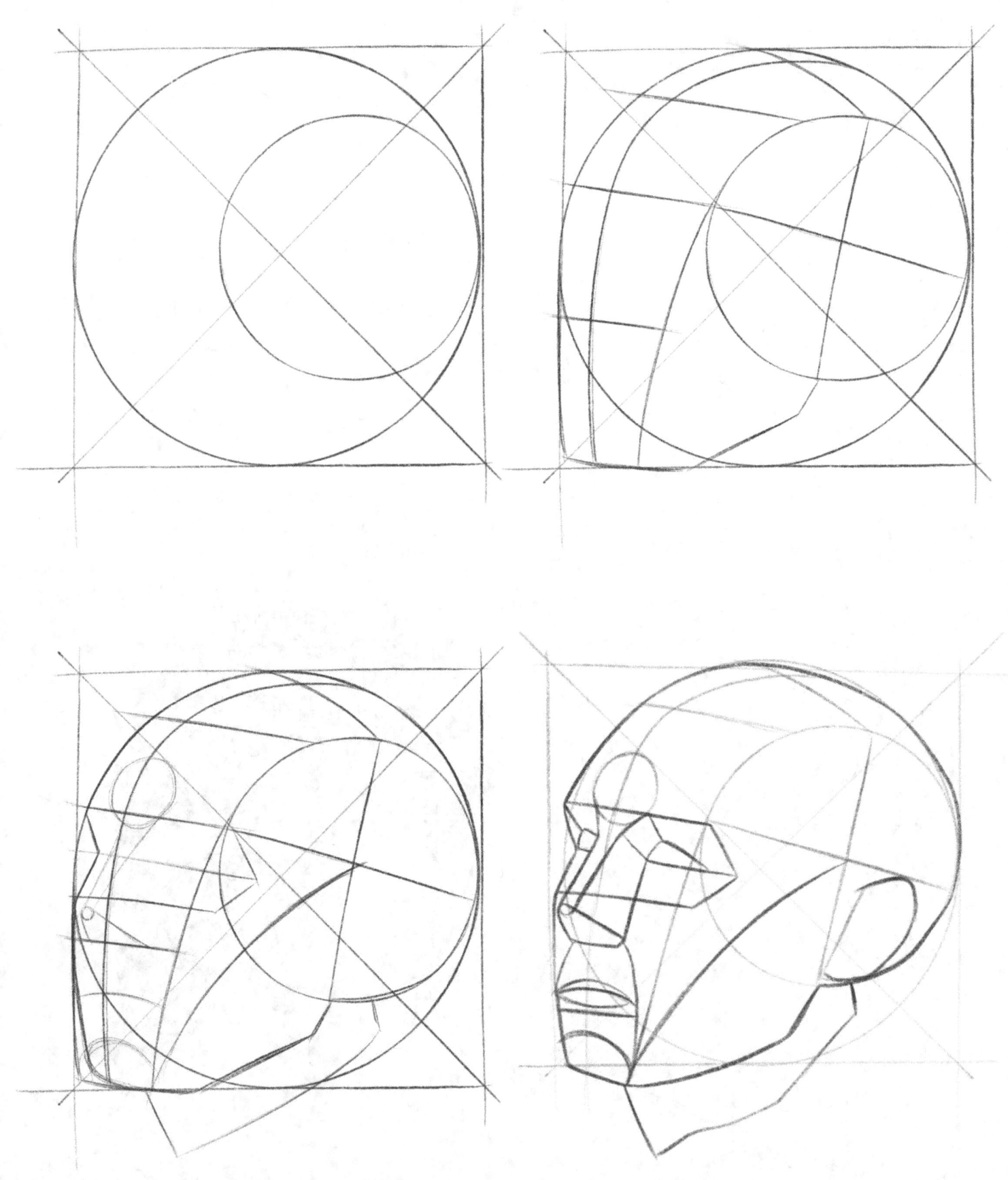

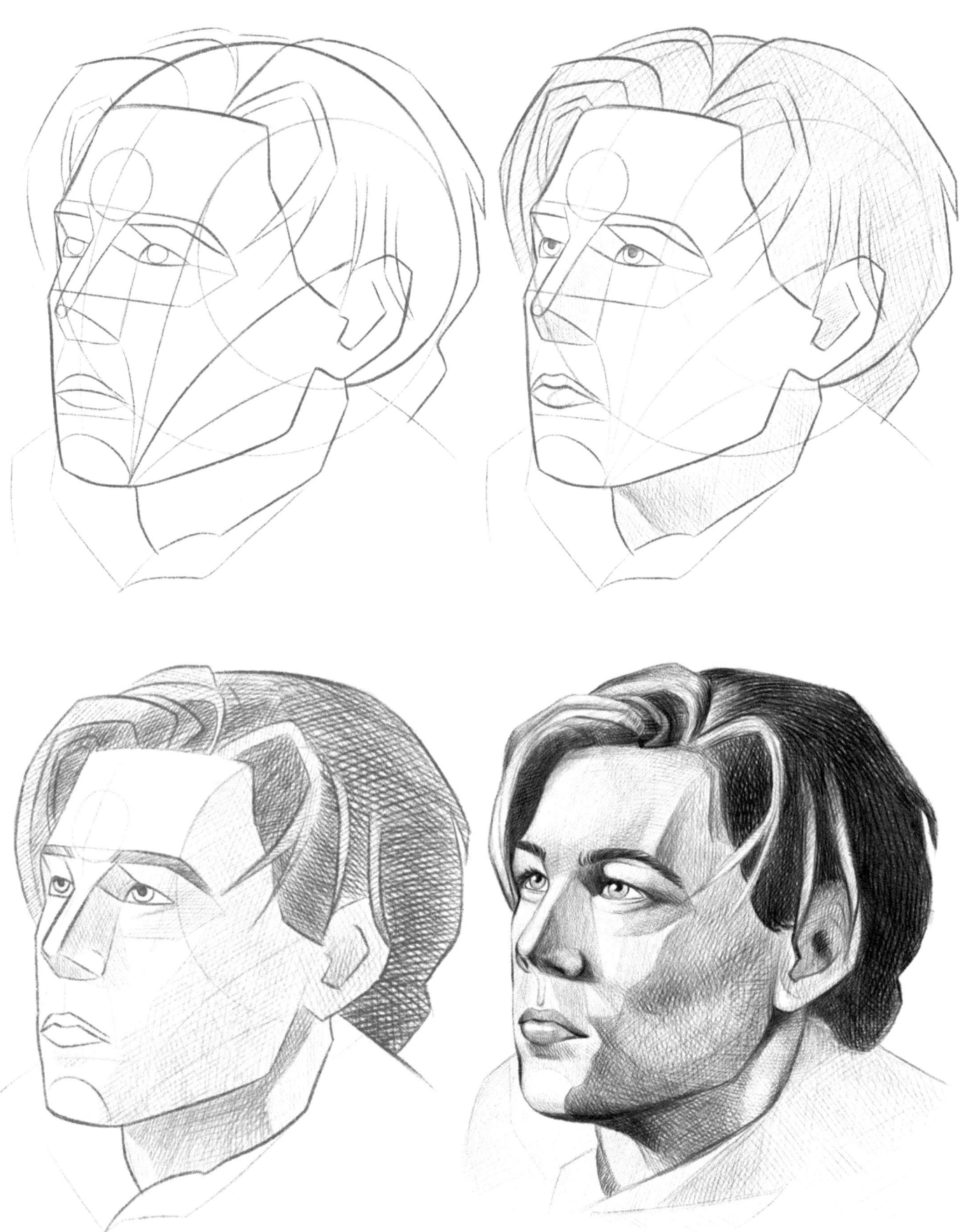

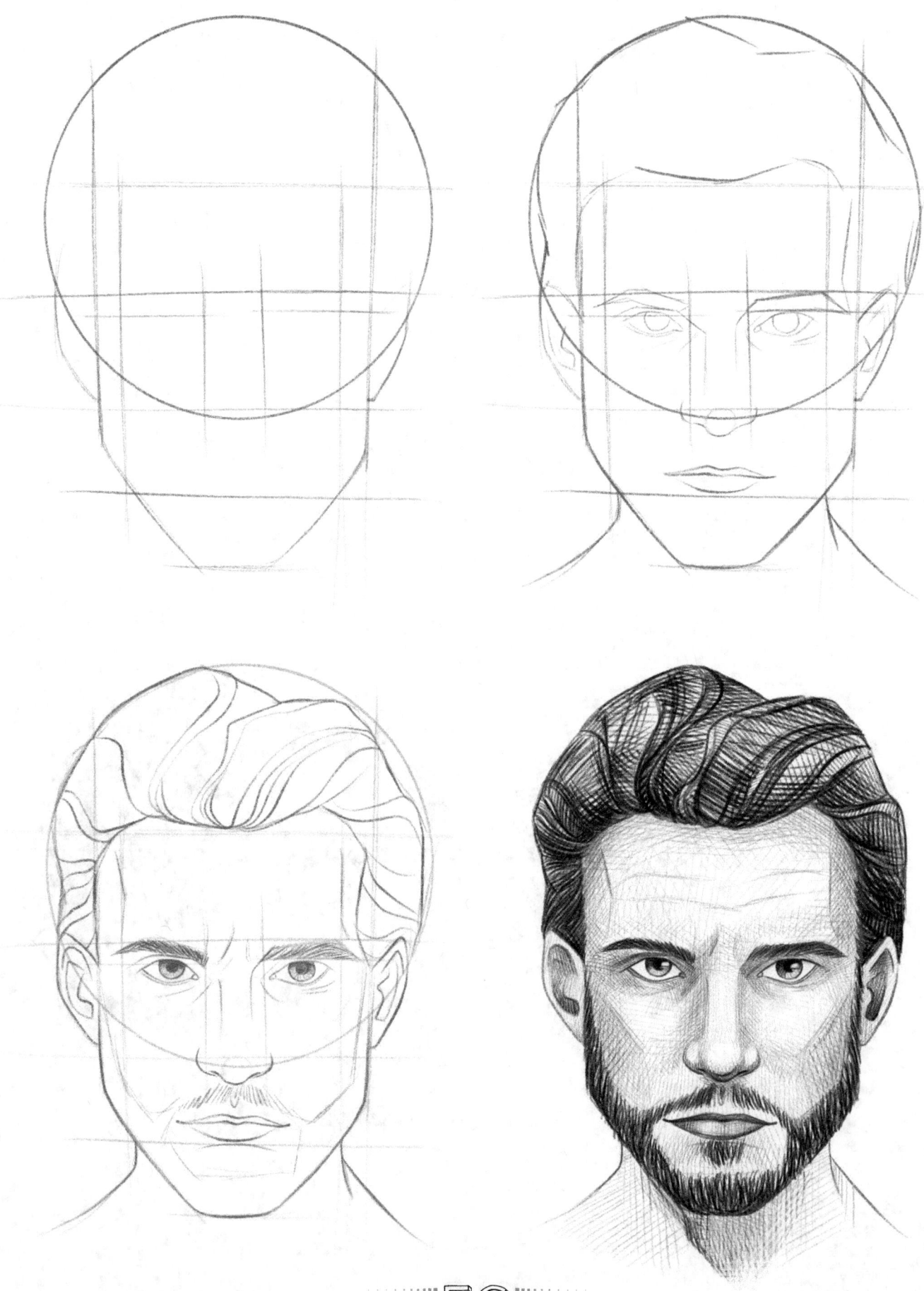

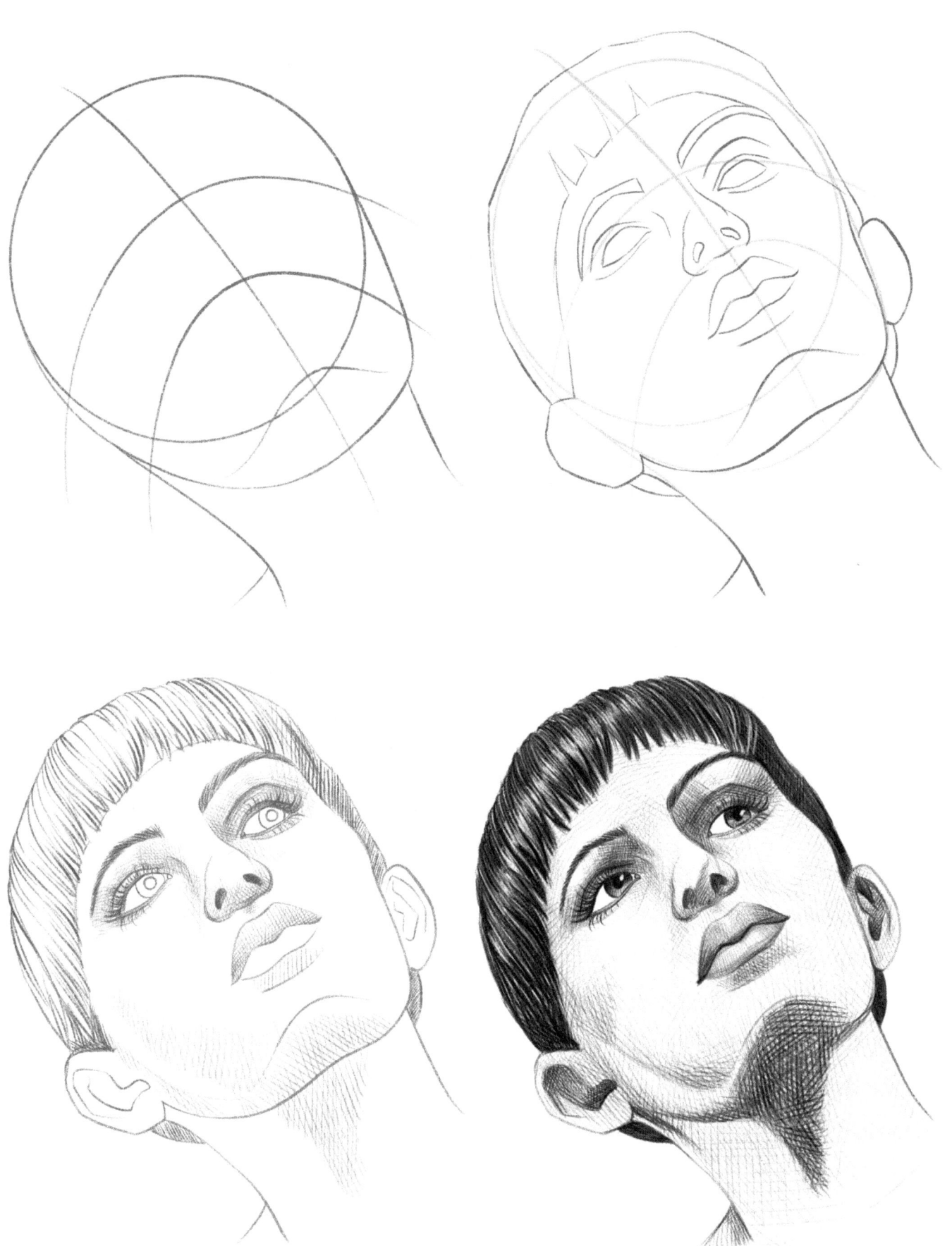

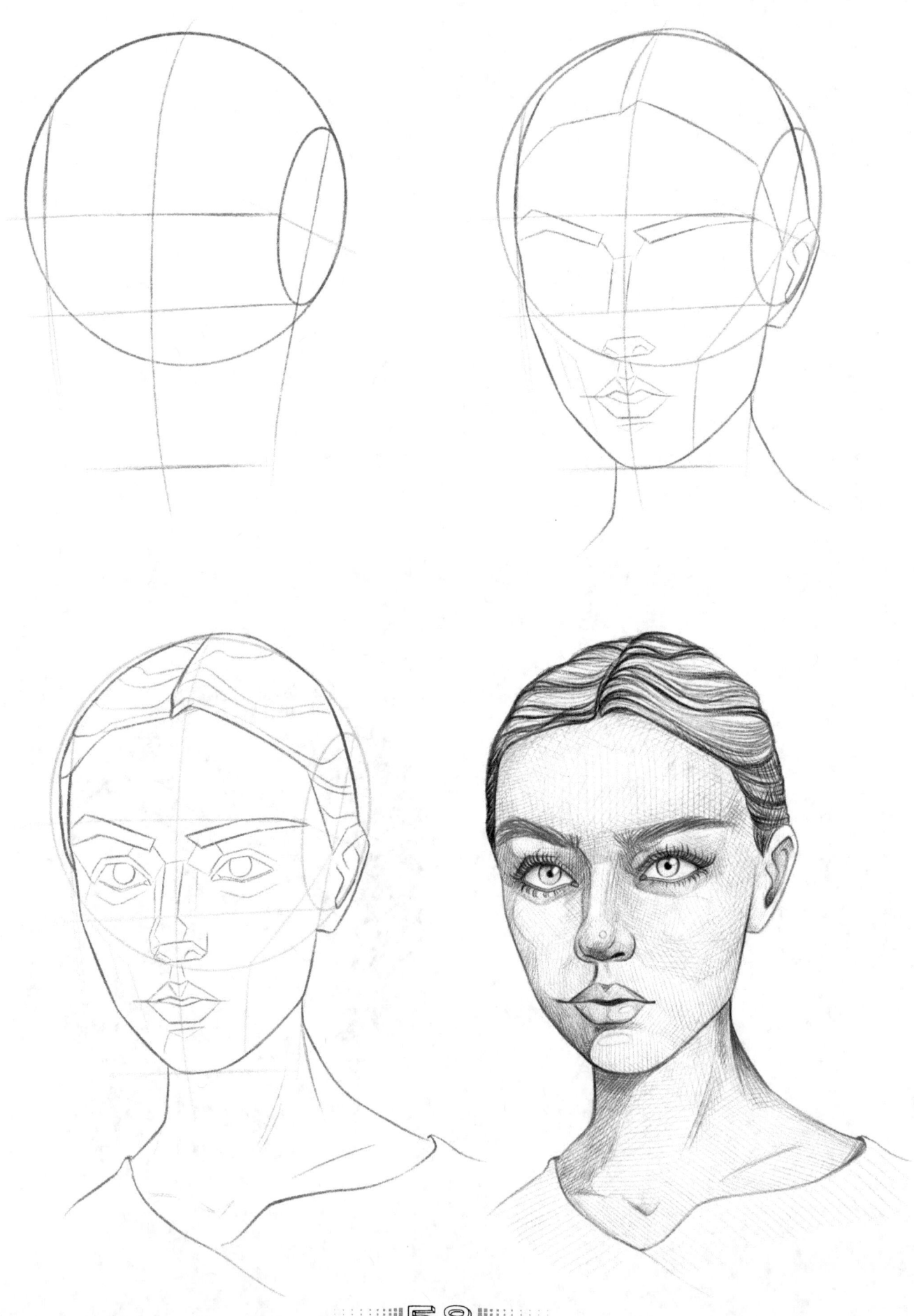

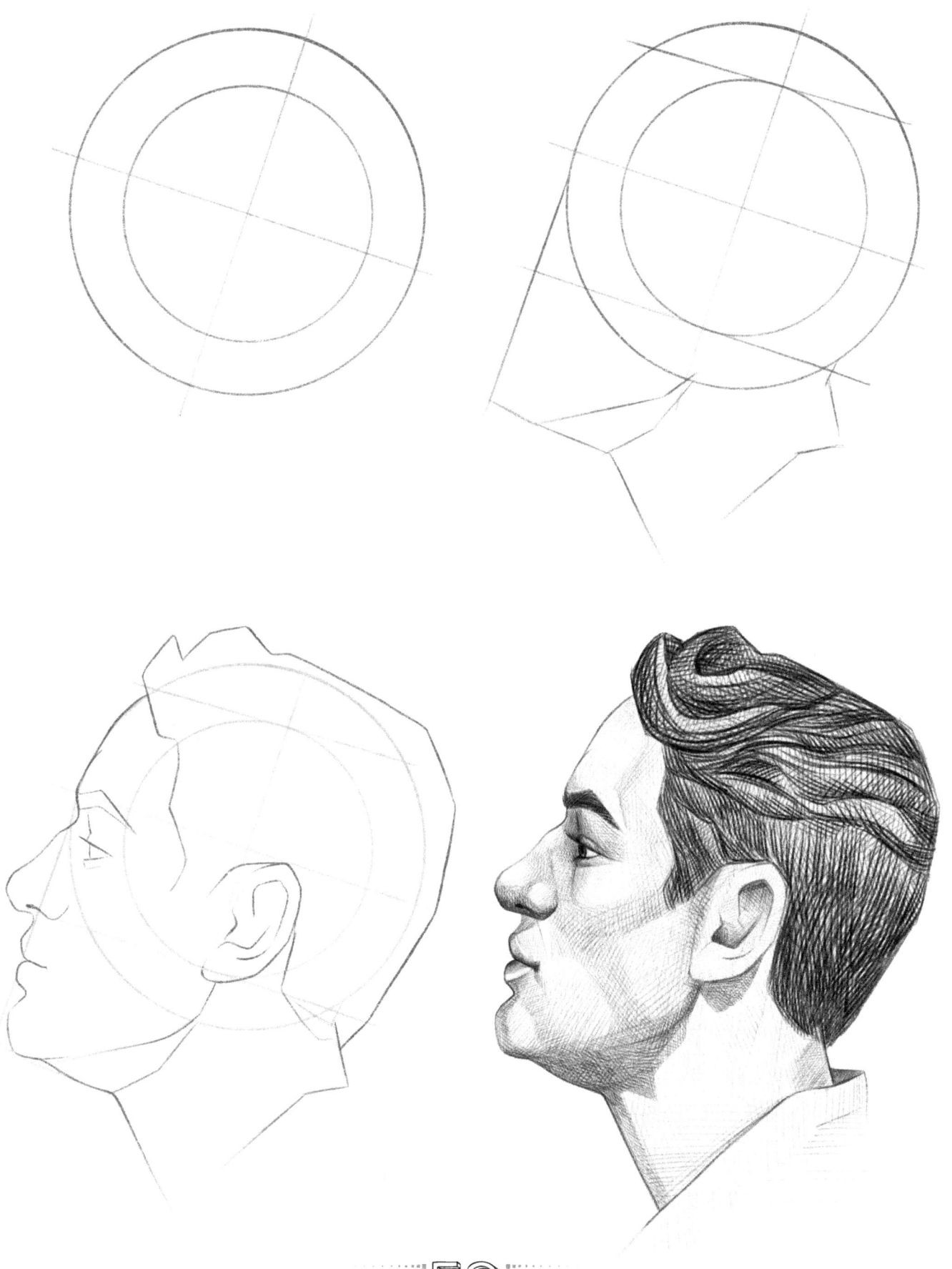

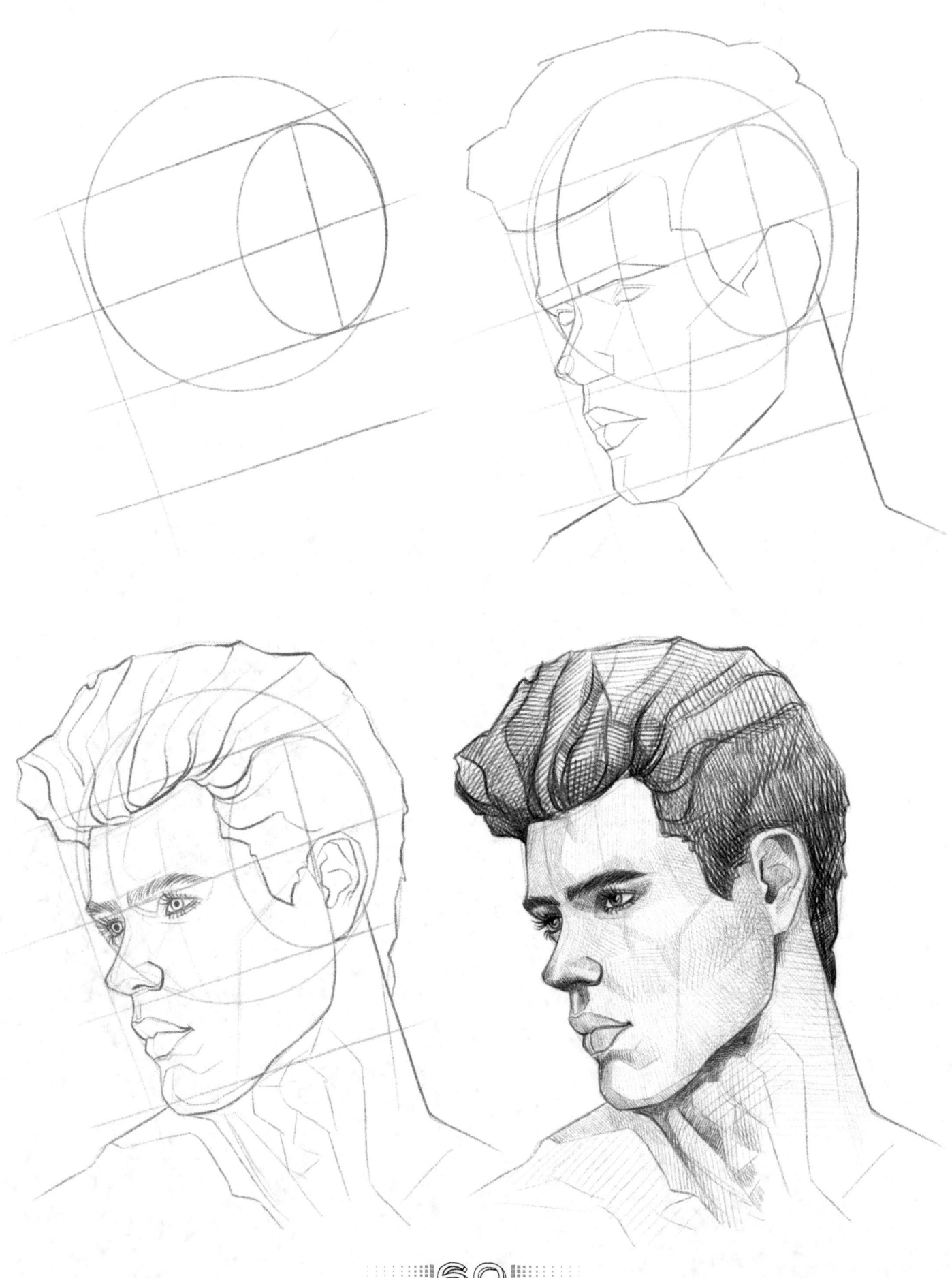

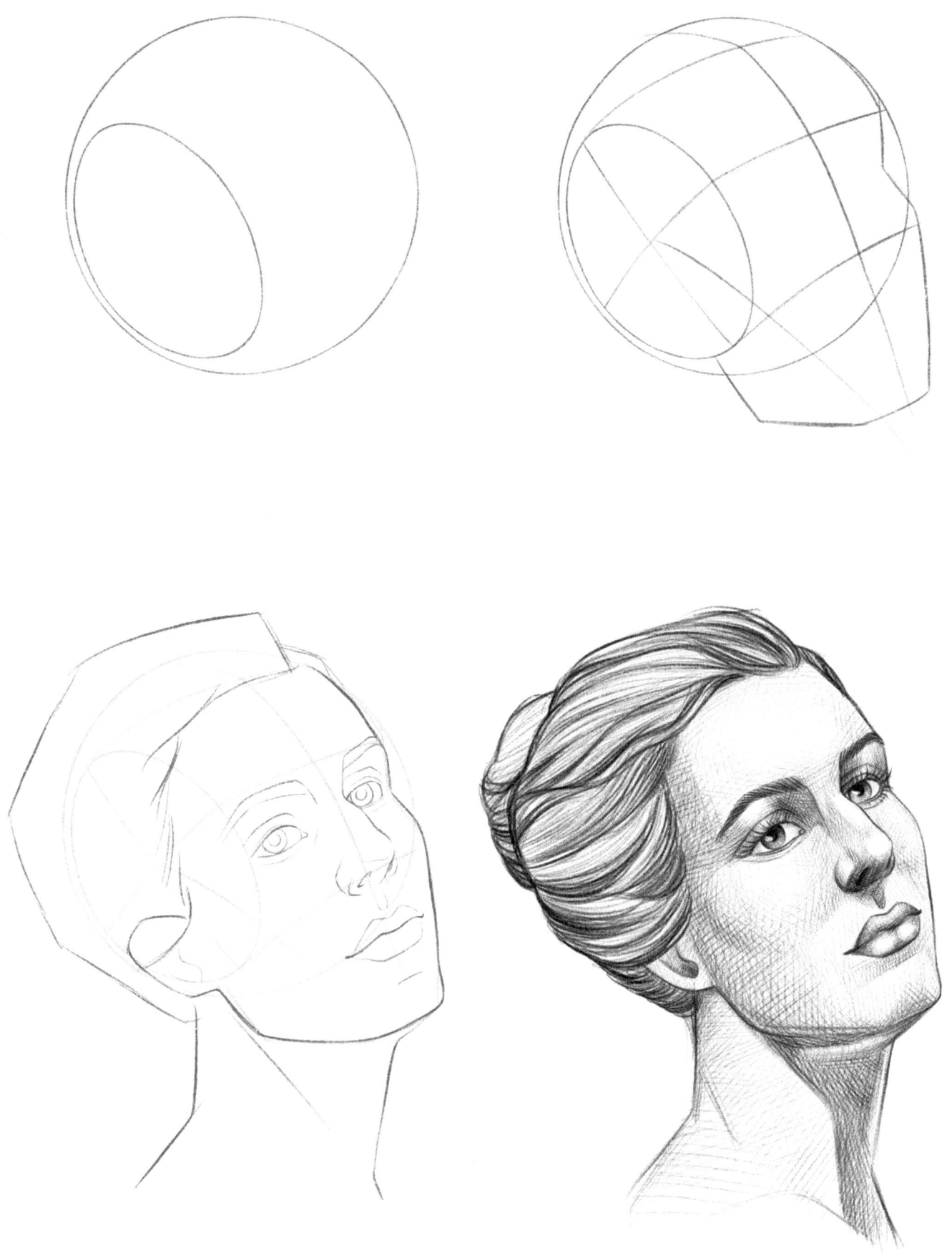

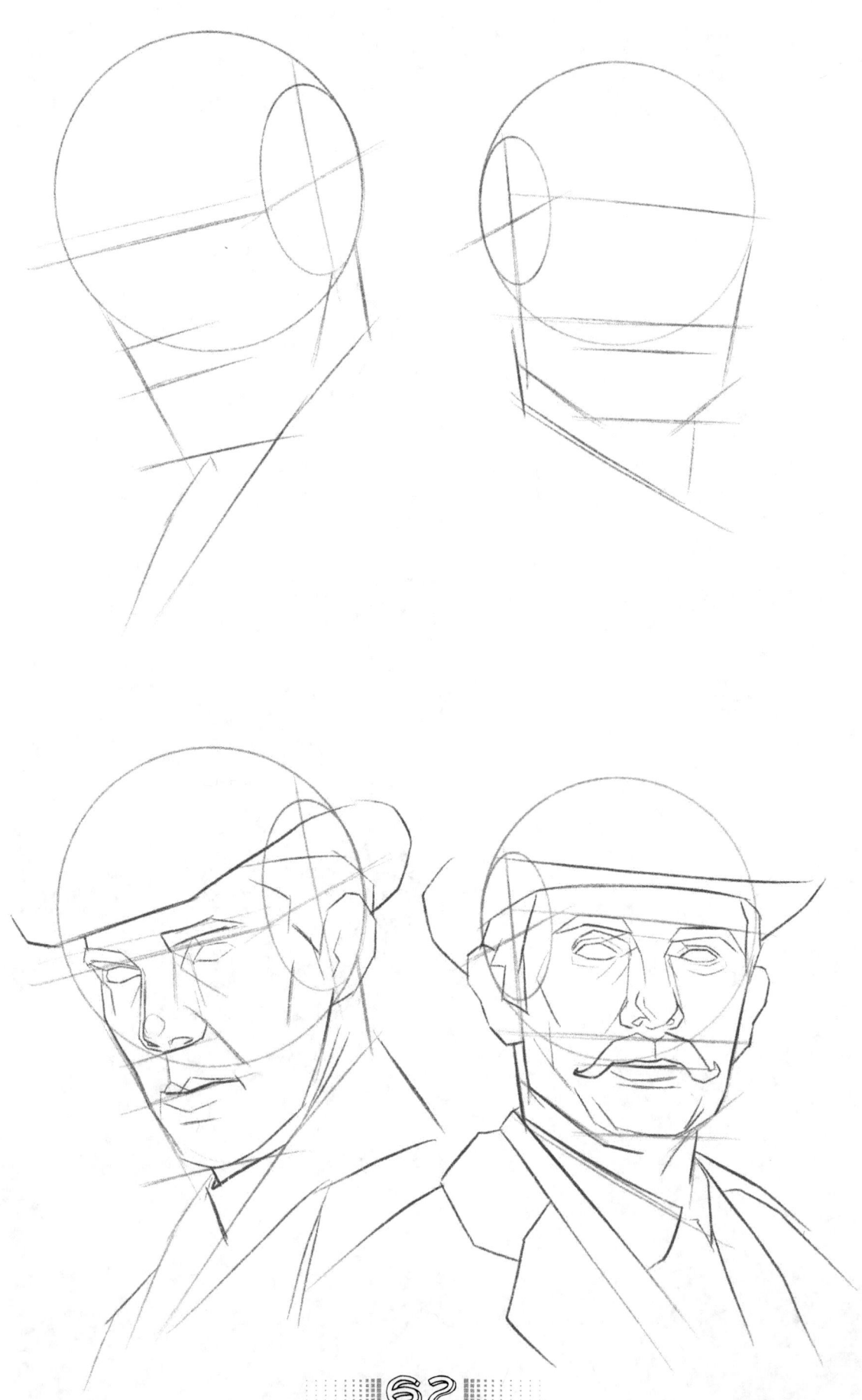

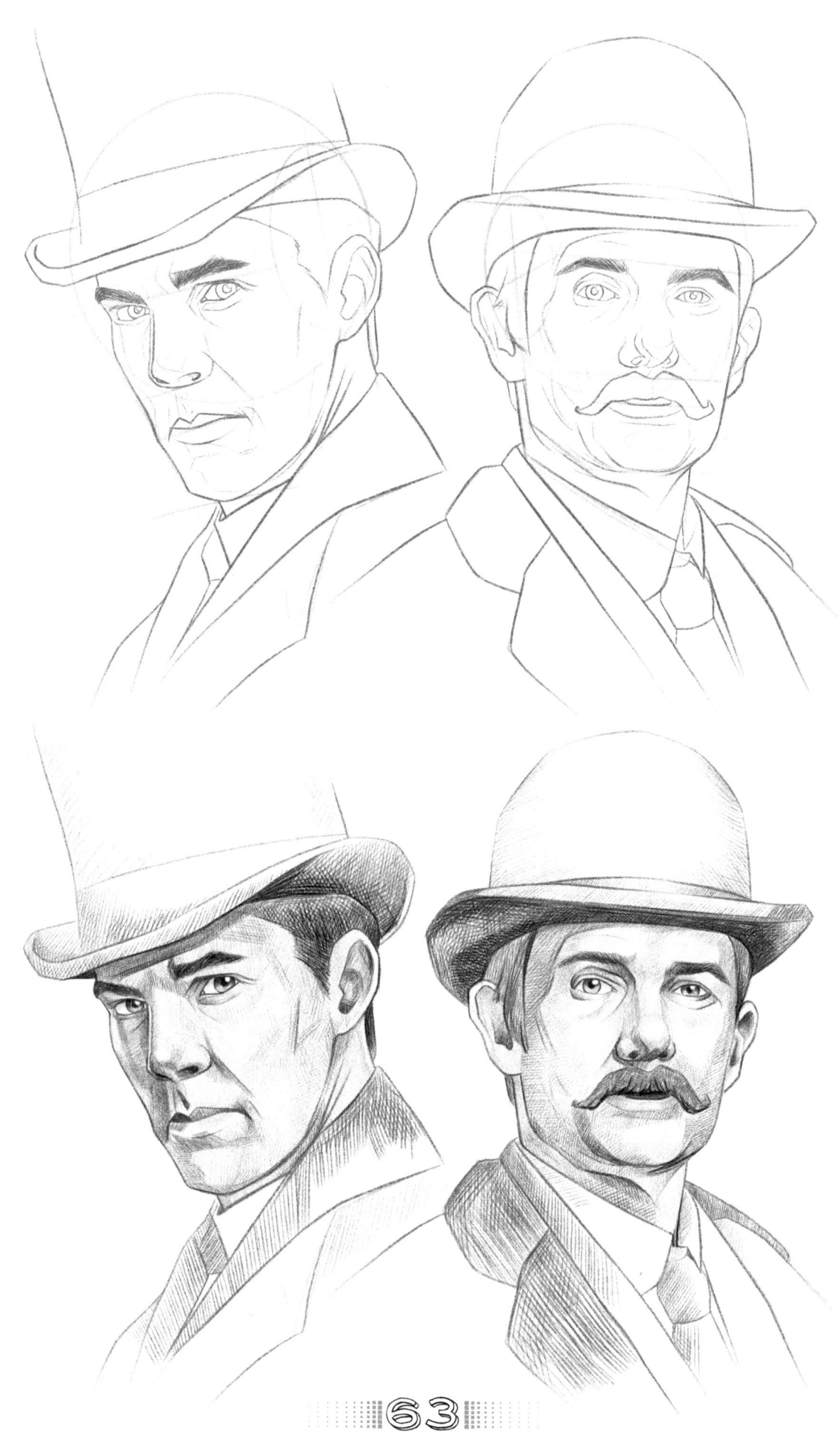

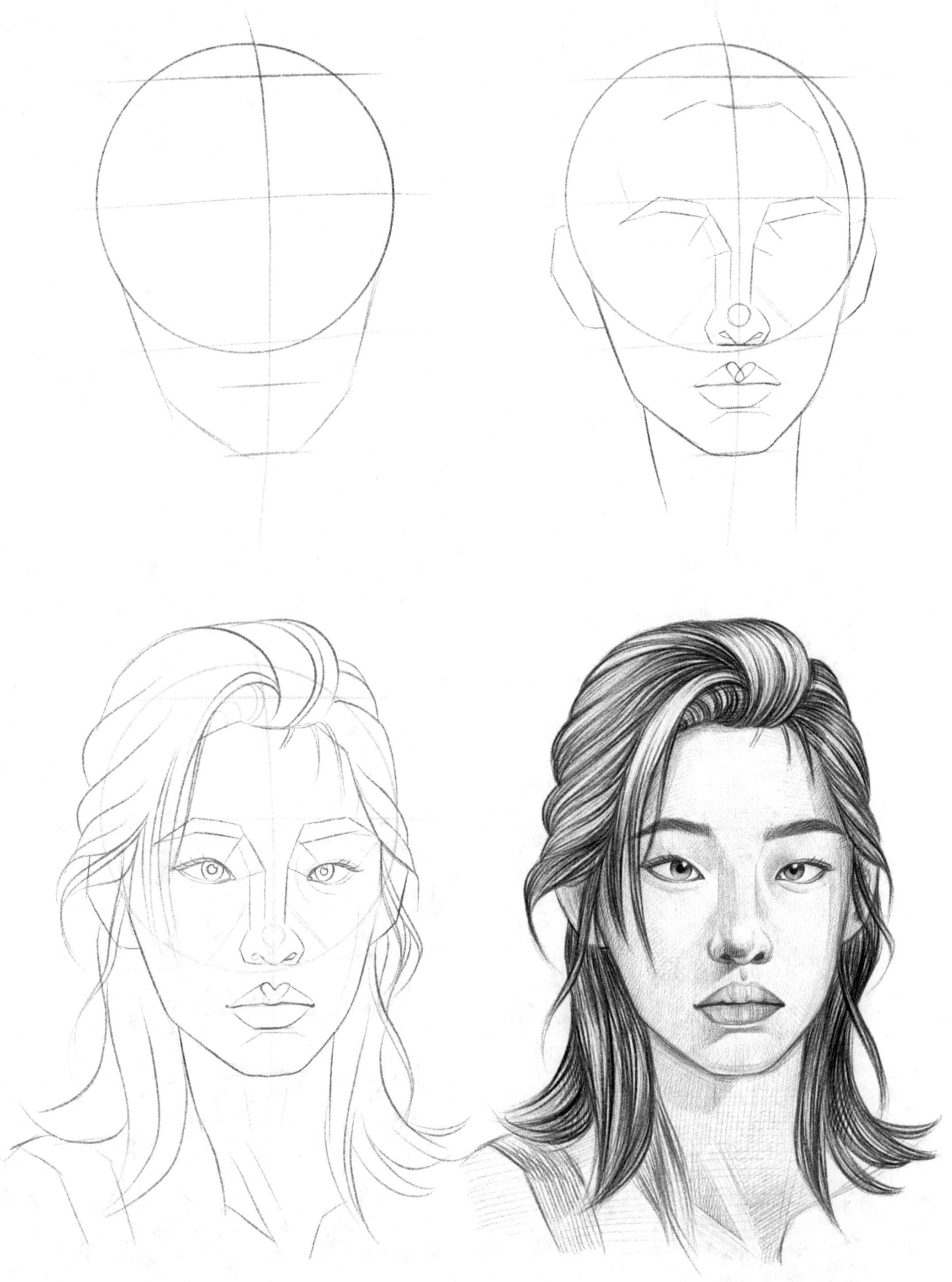

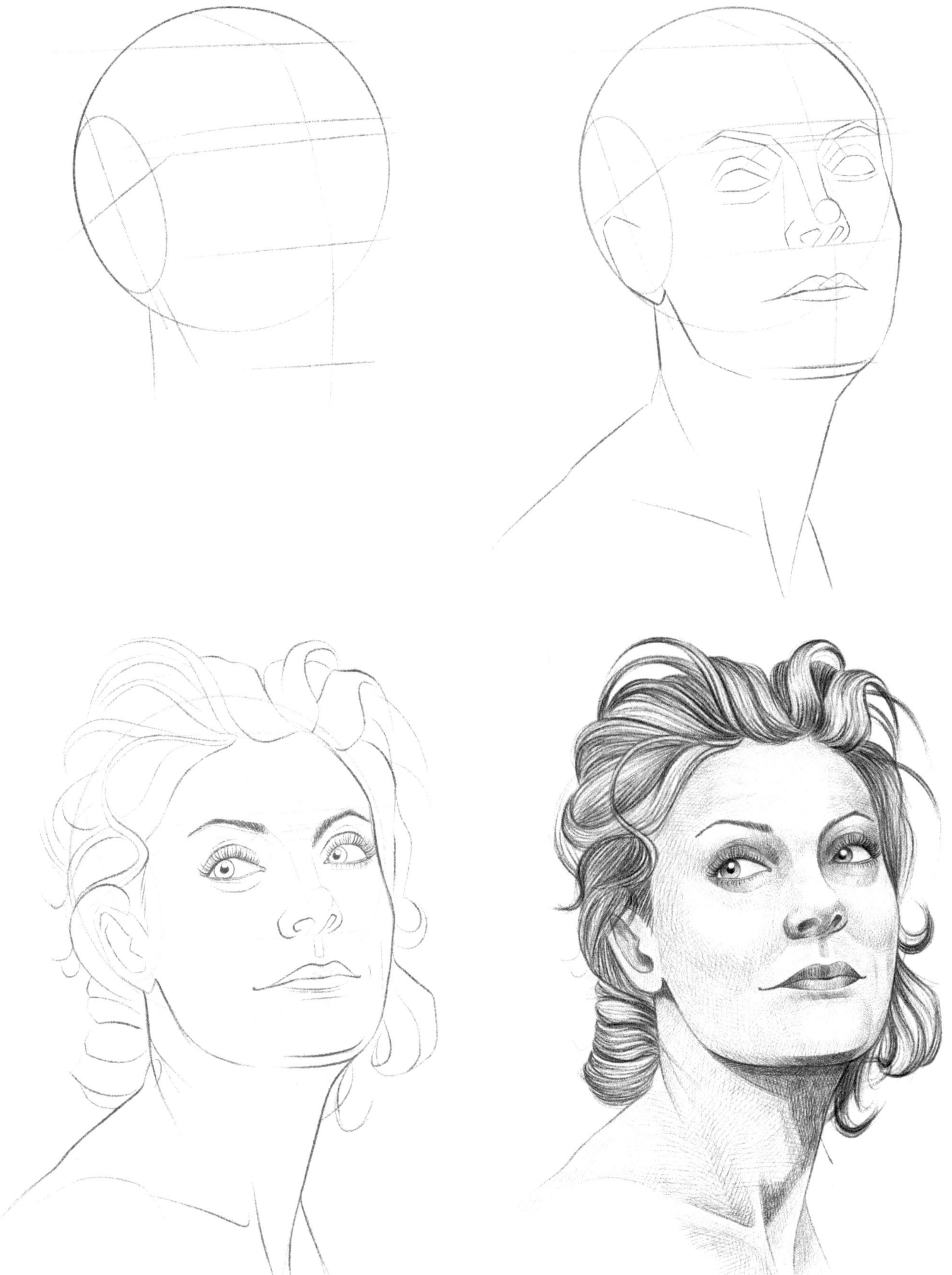

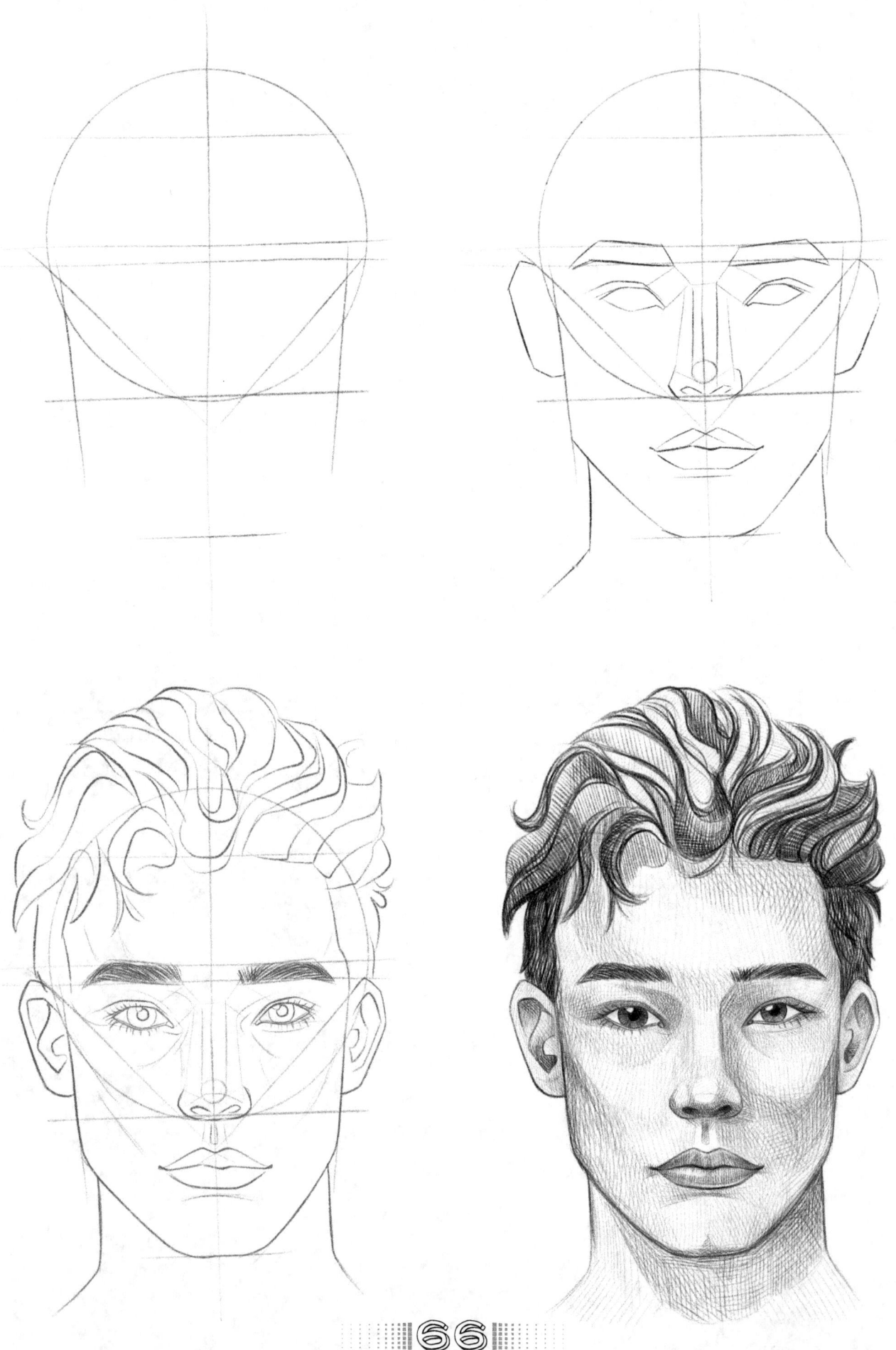

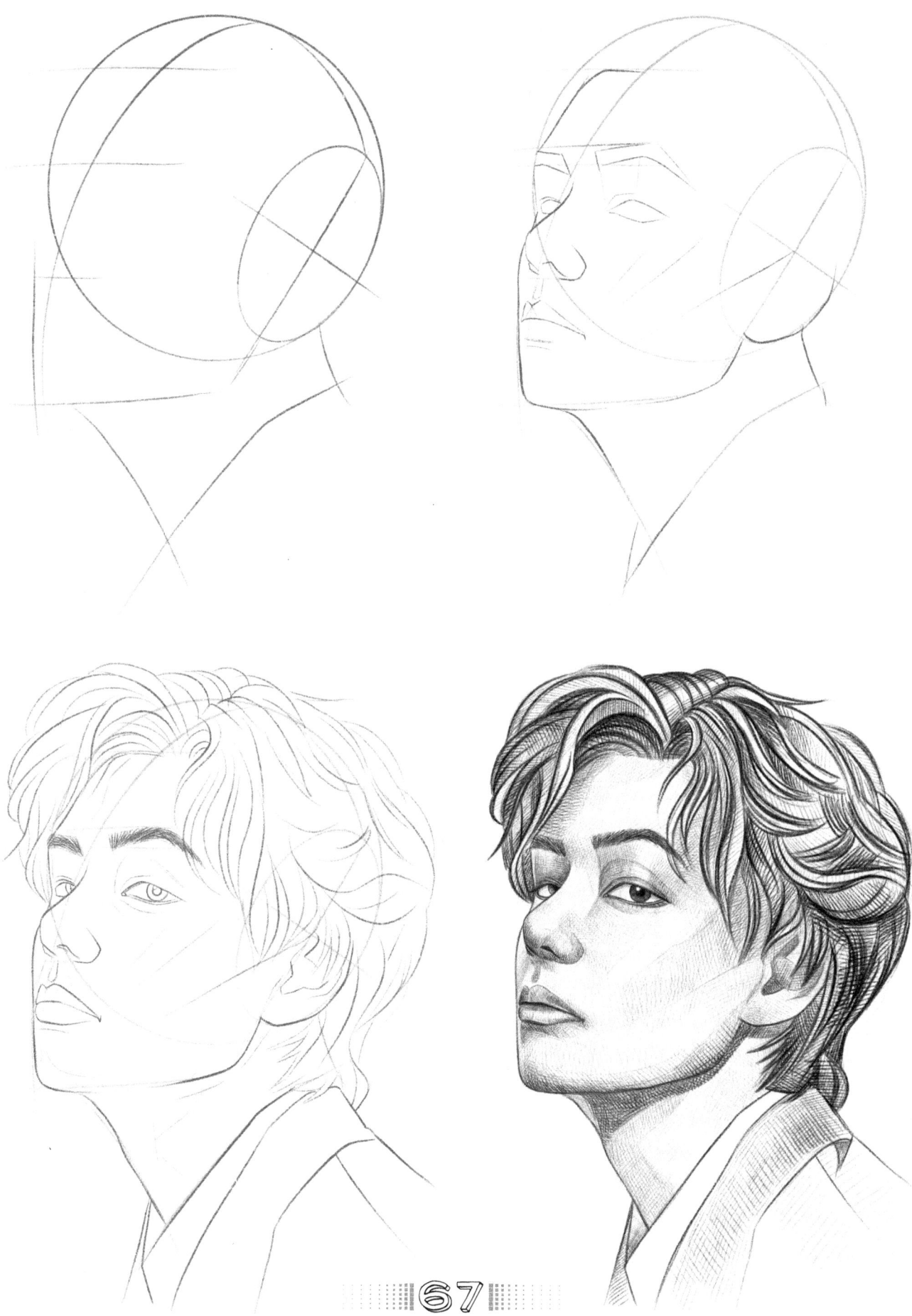

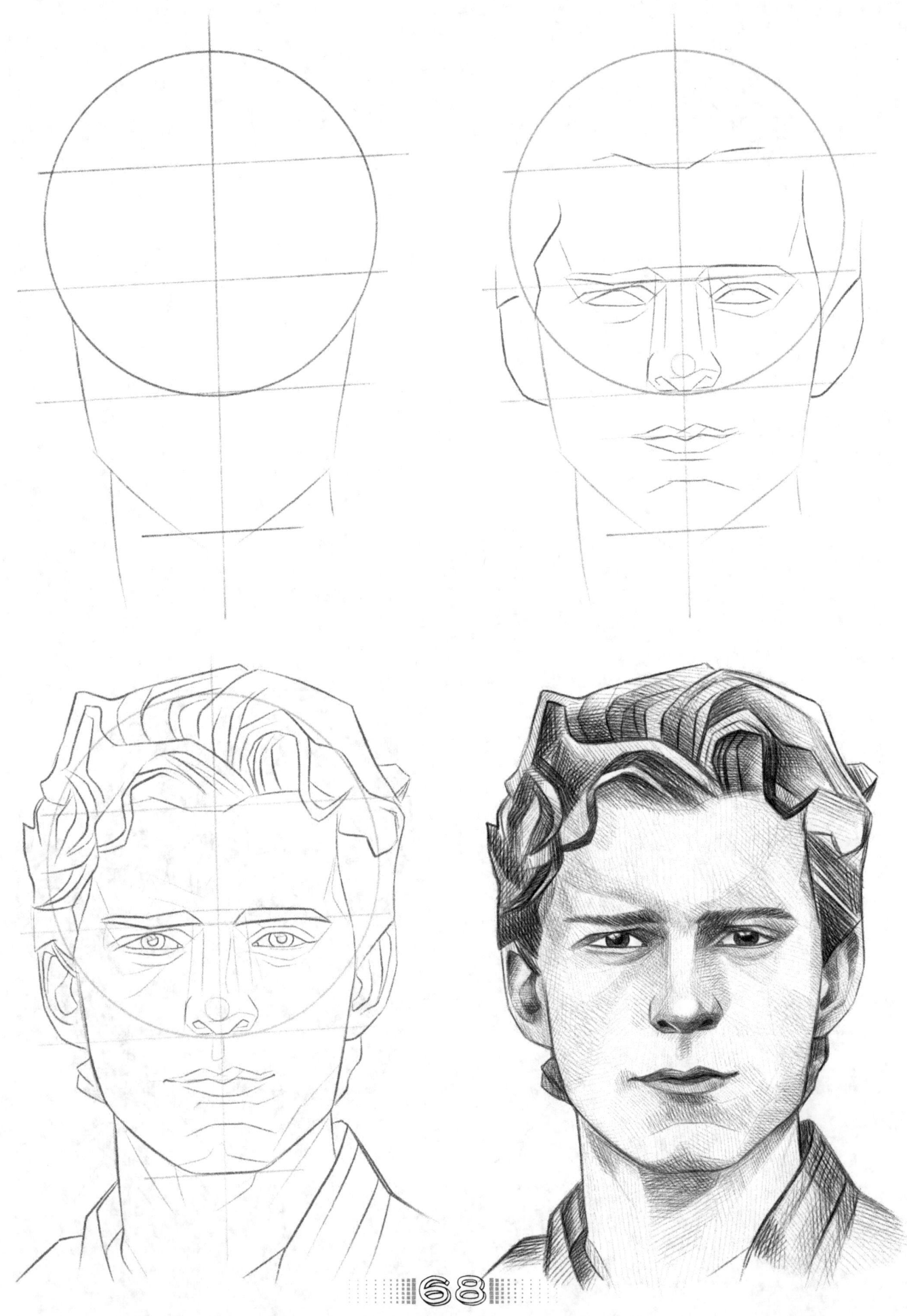

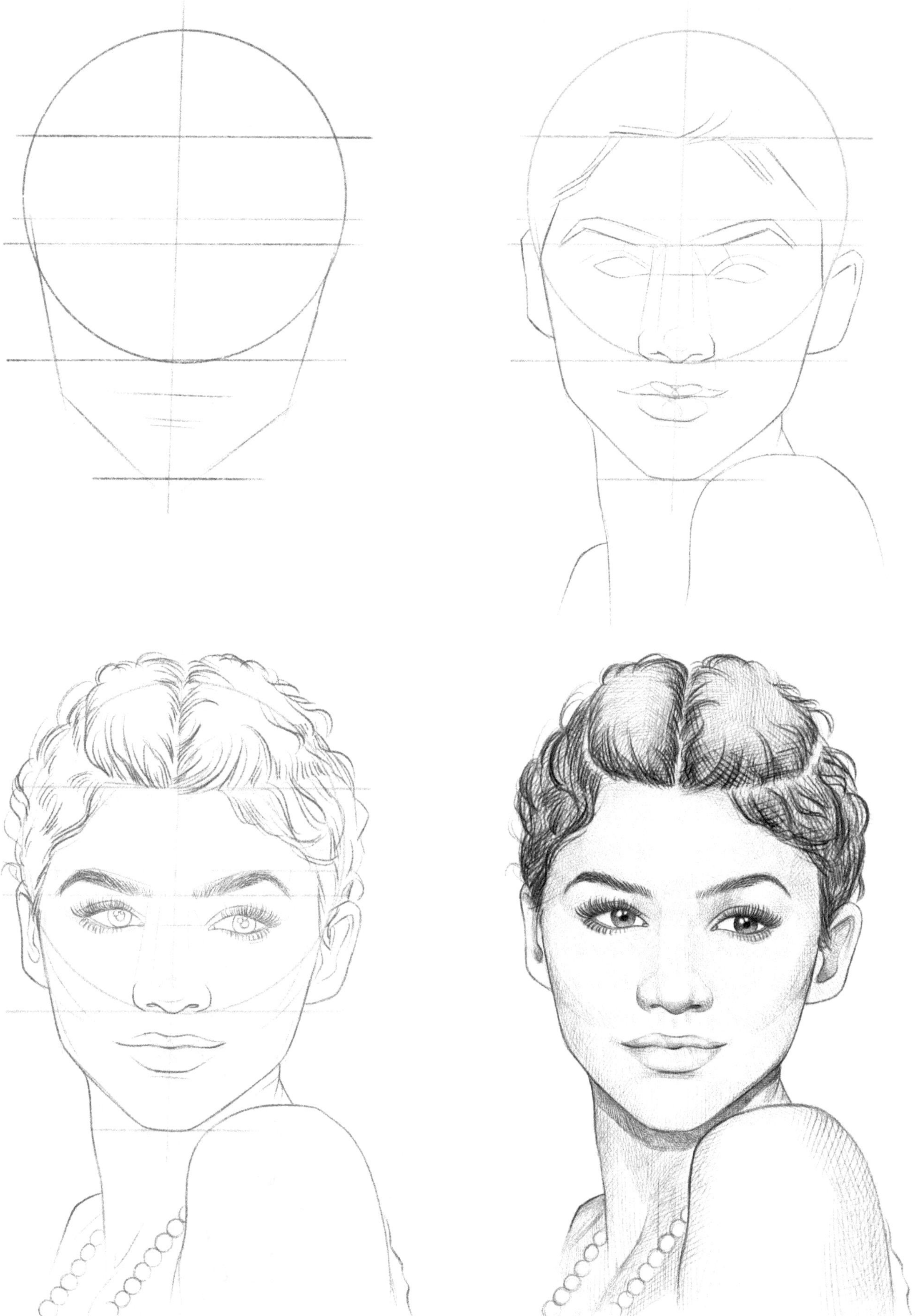

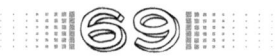

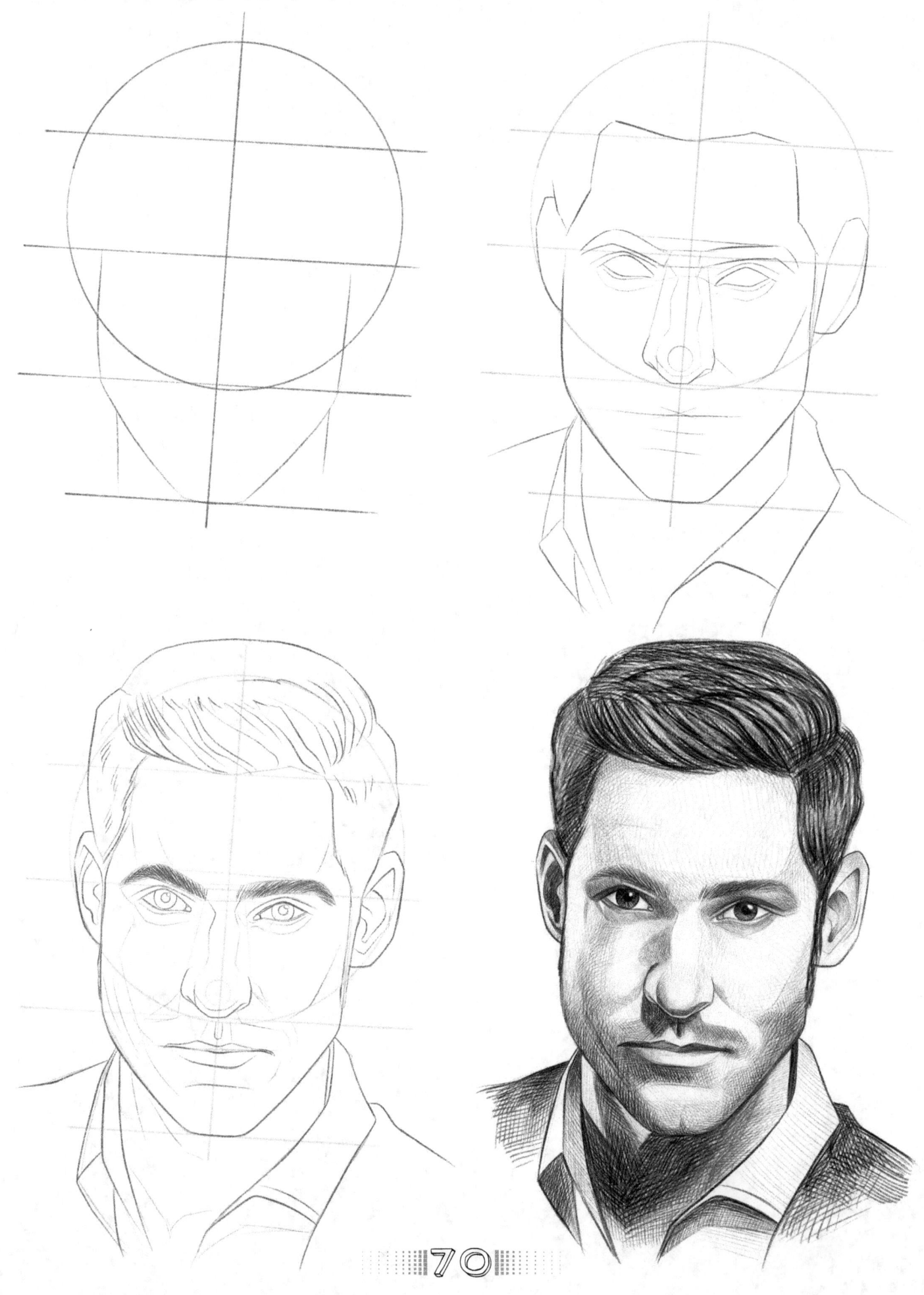

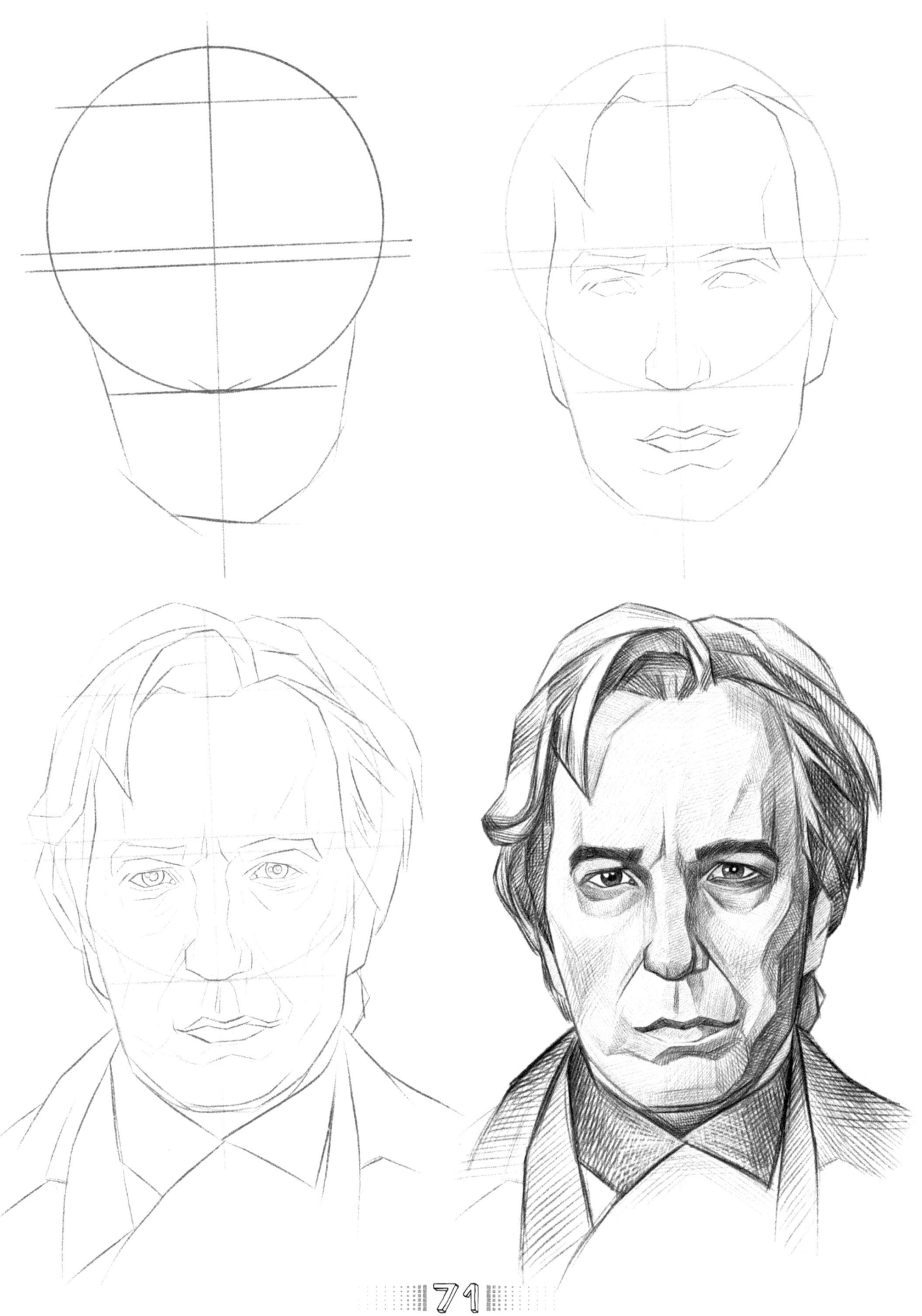

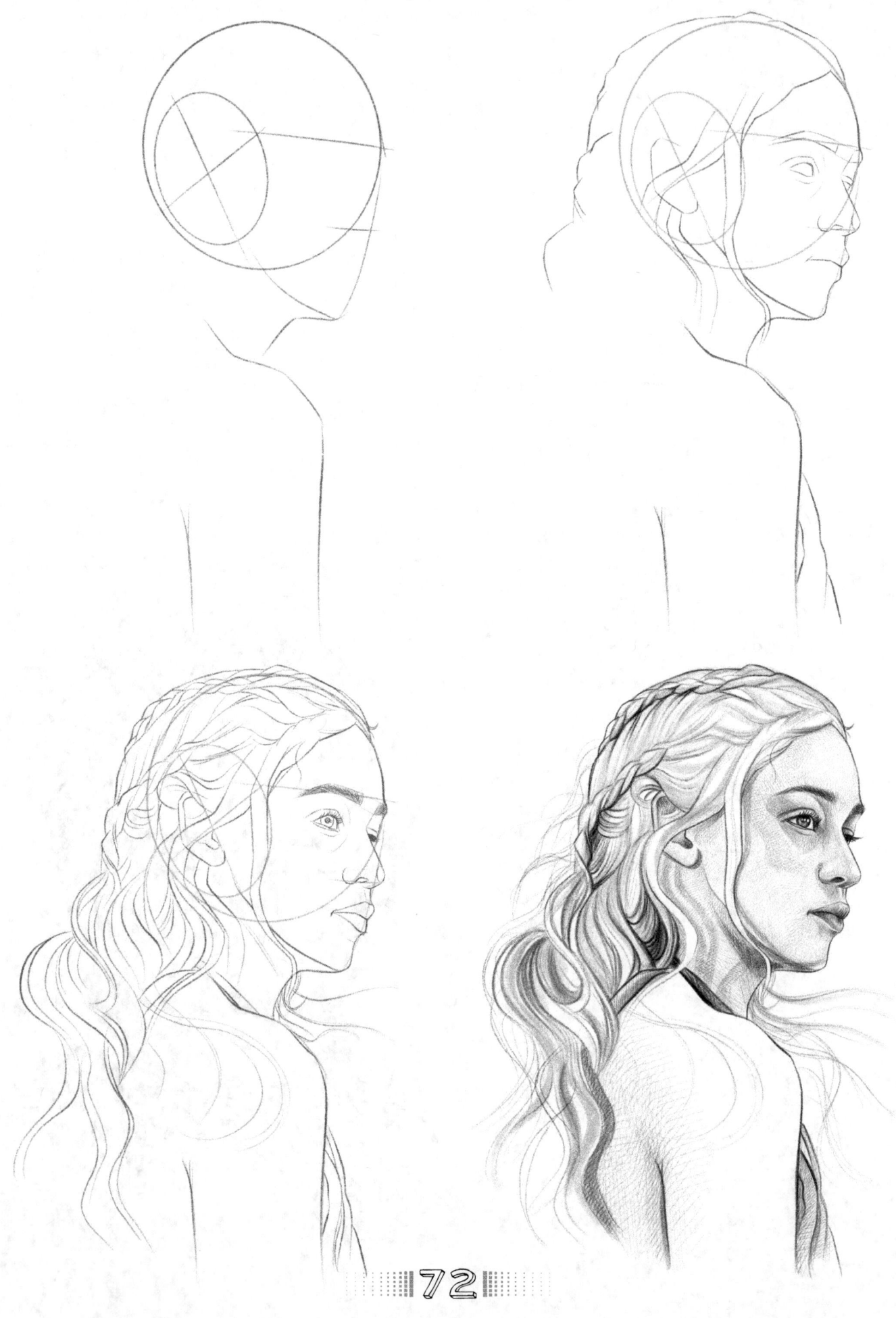

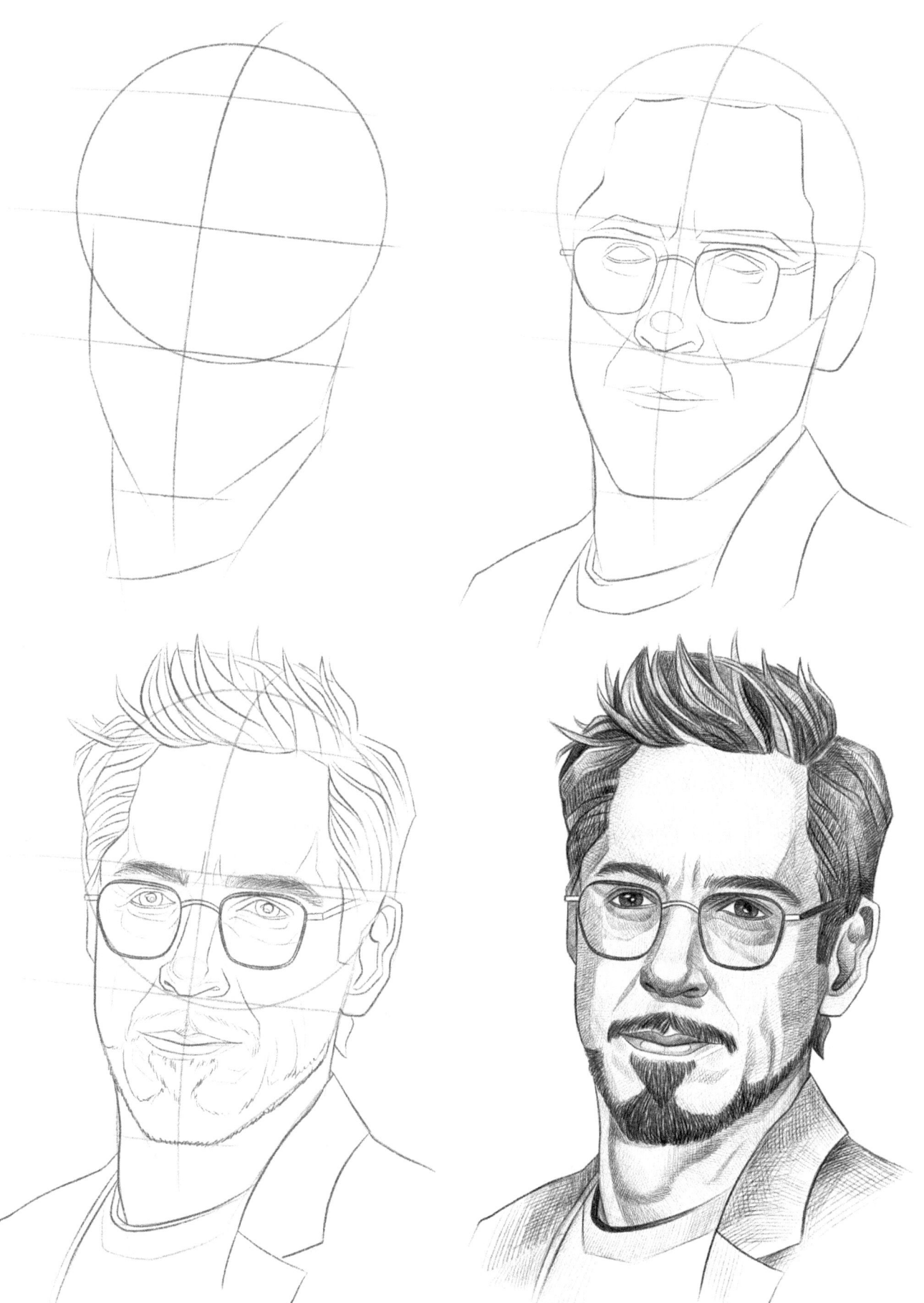

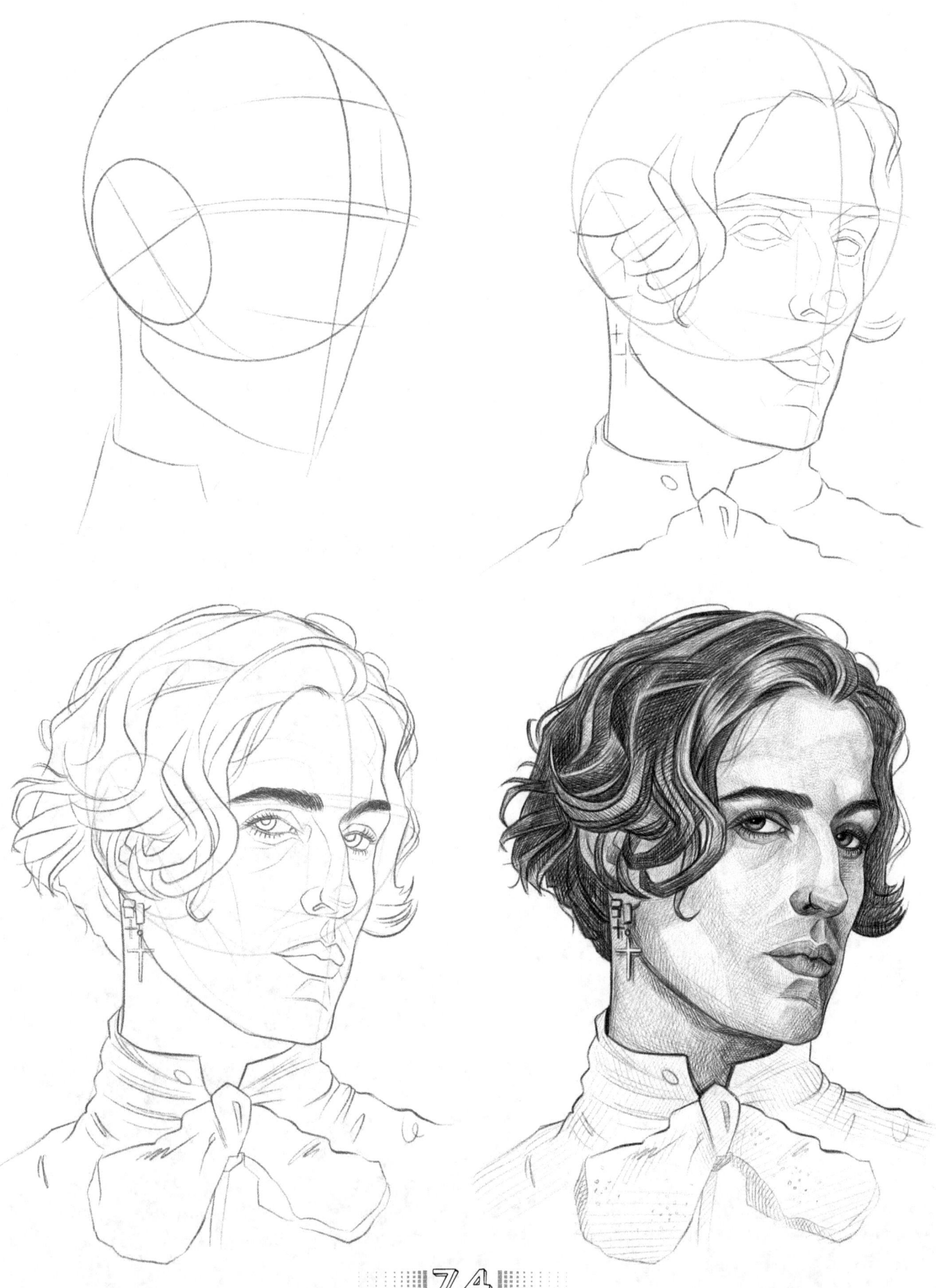

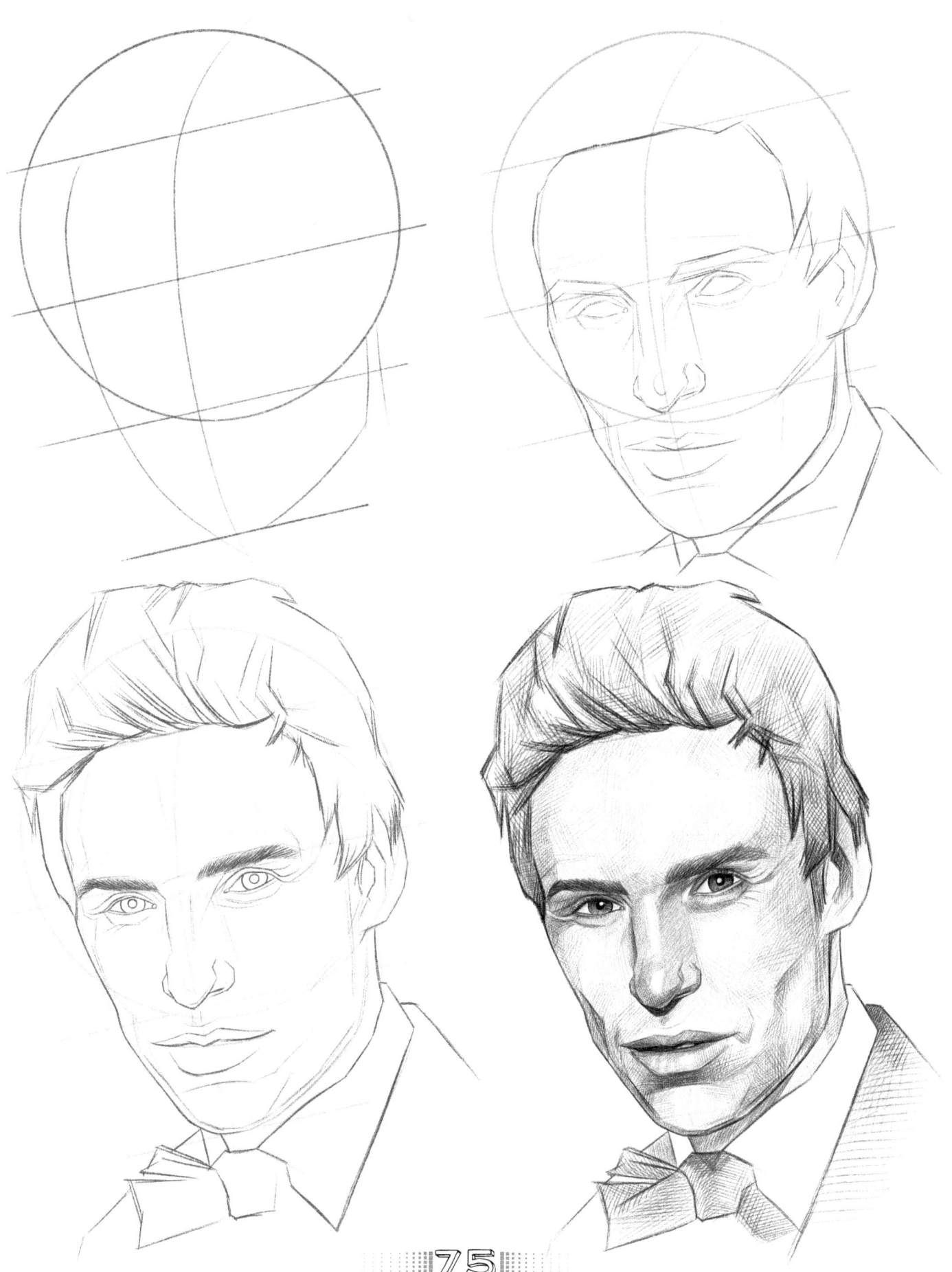

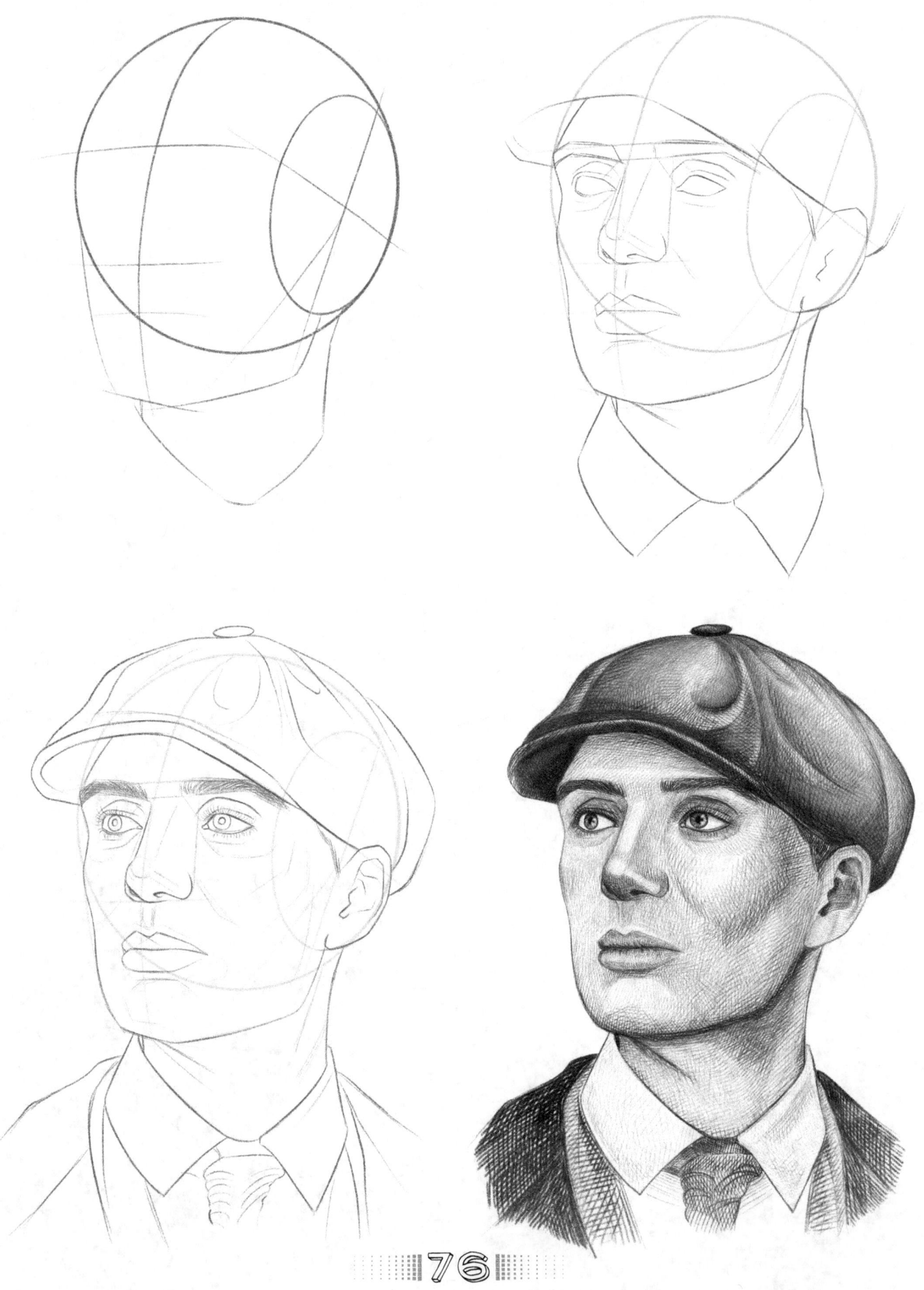

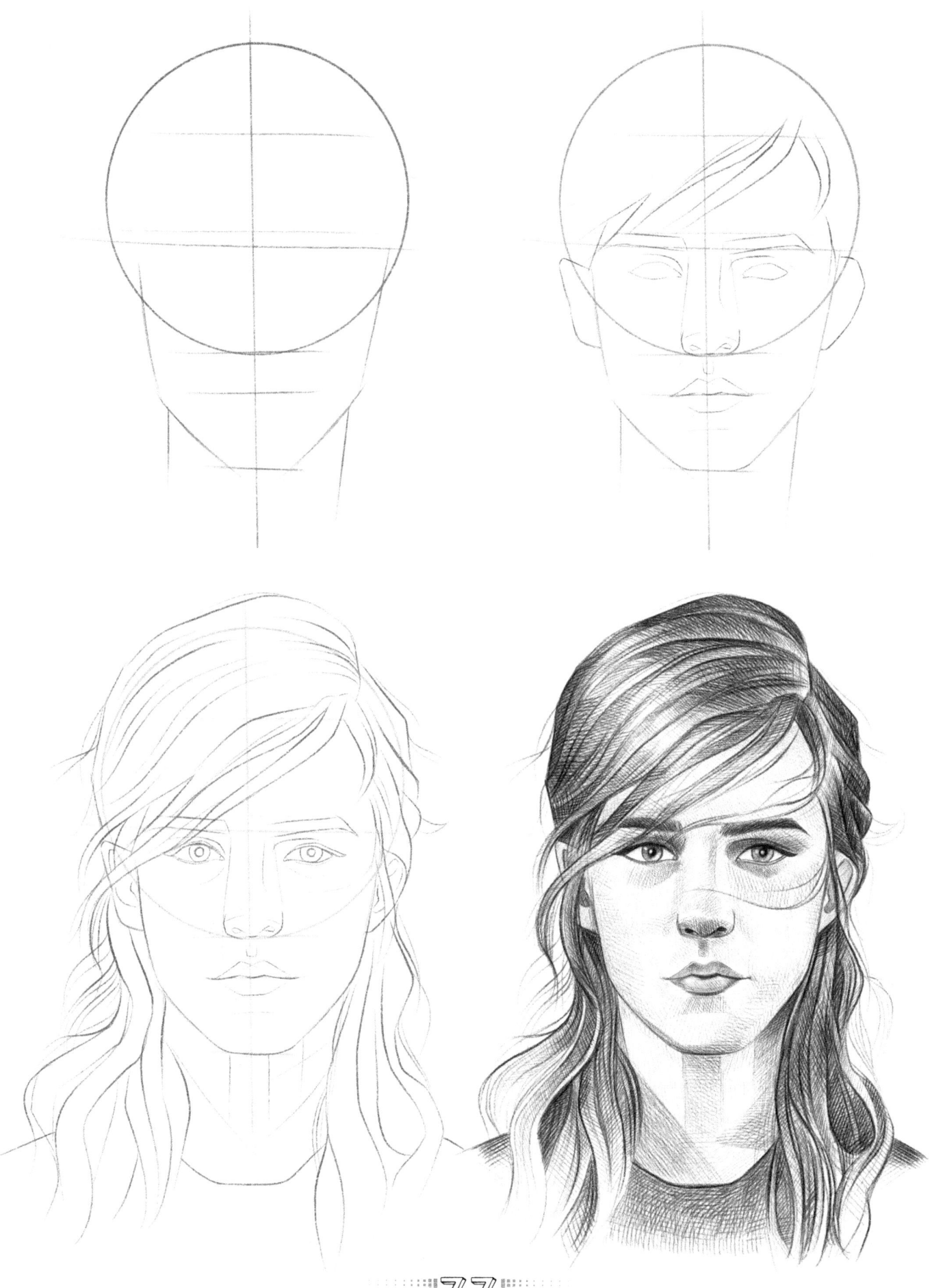

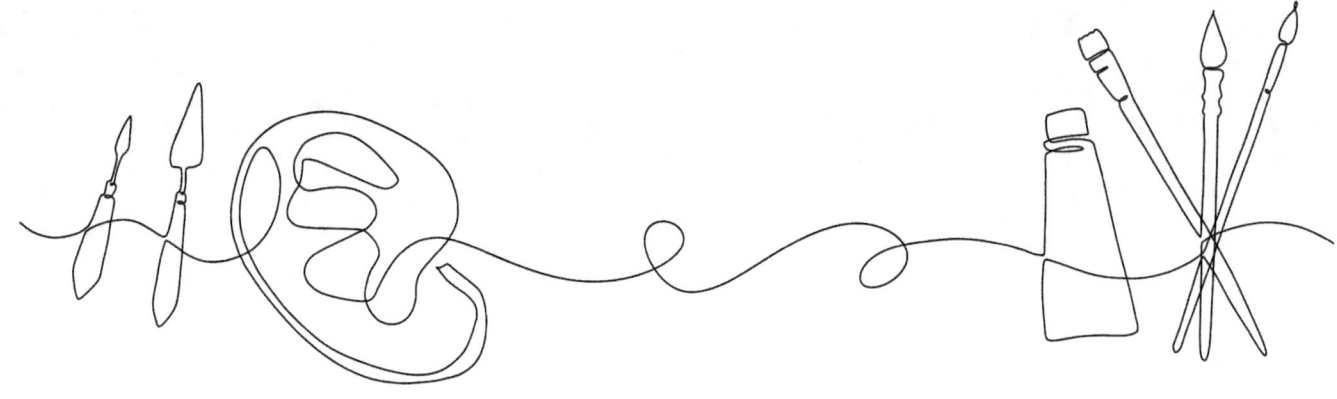

SEGUIR DIBUJANDO:
UNA DESPEDIDA Y UN COMIENZO

¡Enhorabuena por completar tu viaje a través del arte de dibujar retratos! A lo largo de este libro, has aprendido técnicas esenciales como el sombreado, el dominio de la luz y la sombra, y la comprensión de la composición y la perspectiva. Has explorado los rasgos únicos de los rostros masculinos y femeninos y has descubierto cómo transmitir emociones con eficacia. Recuerda que esto es sólo el principio de tu aventura artística y que cada trazo de tu lápiz te acerca más a tus objetivos artísticos. Al cerrar este libro, recuerda que cada dibujo es un paso adelante en tu crecimiento artístico. Sigue practicando, sigue experimentando y, lo más importante, sigue disfrutando del proceso.

Gracias por acompañarme en este viaje.
Ahora, adelante, sigue creando con pasión y determinación.

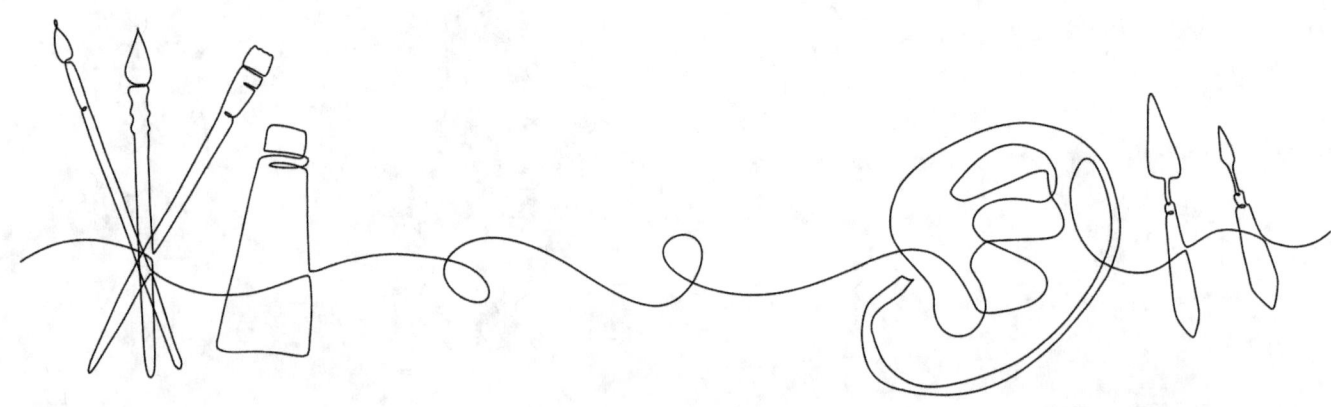

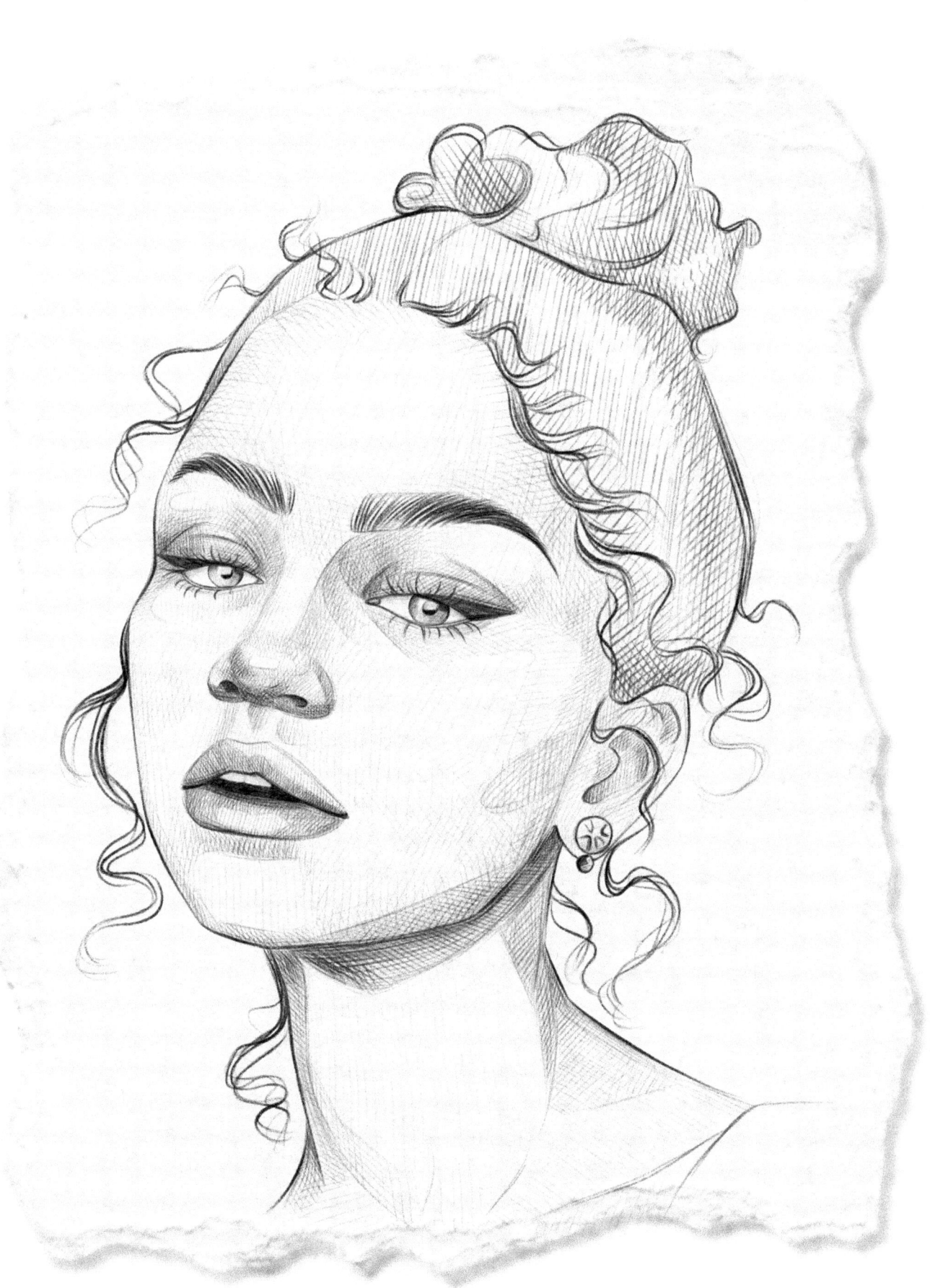

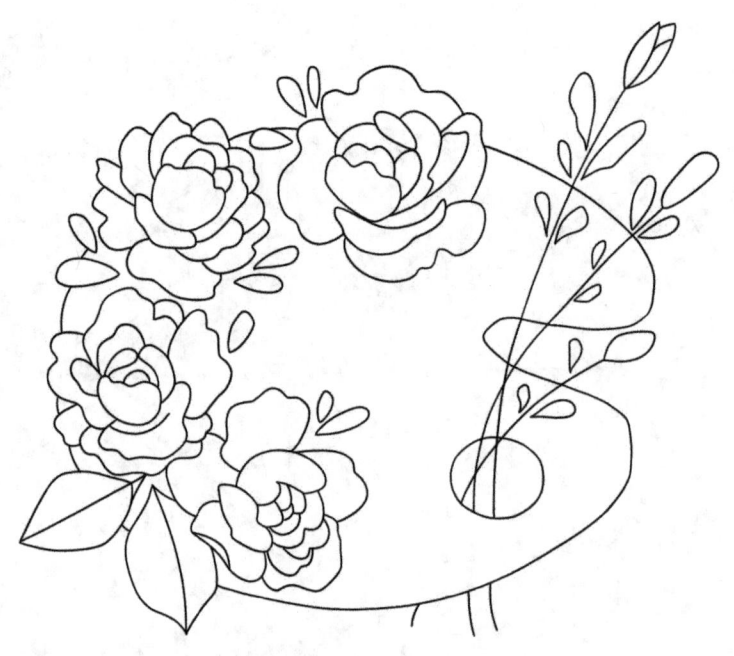

www.ingramcontent.com/pod-product-compliance
Lightning Source LLC
Chambersburg PA
CBHW062226220526
45471CB00009B/3368